雇用と働き方から見た現代貧困論

伍賀 一道【著】
Kazumichi Goka

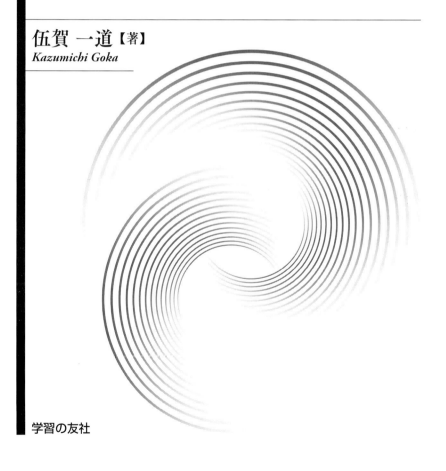

学習の友社

はじめに

　1960年代の高度経済成長を経て「経済大国」日本が誕生しました。70年代の二度にわたる石油危機をいち早く乗りこえ、世界に先がけて産業ロボットを導入して国際競争で優位な位置を確保し、80年代前半には欧米諸国に向けて自動車、電機製品の「集中豪雨的輸出」に邁進しました。アメリカで日本車が目のかたきにされ、市中で日本車がハンマーで打ちこわされるシーンがテレビニュースで映し出されたのもこの頃です。

　あまりに強い日本の国際競争力が他の先進国から批判され、日本政府は1985年9月、欧米先進国との間で、ドル安・円高基調への為替政策の転換とともに、内需拡大や労働時間短縮など労働条件の引き上げを約束させられました（「プラザ合意」）。急激な円高への転換は繊維製品や洋食器など海外市場向けの地場産業にとって大打撃となりましたが、短期間で「円高不況」を脱し、日本は87年半ばから90年代初頭にかけてバブル景気に熱狂しました。企業は低金利政策を背景に銀行から多額の借金をしてこぞって土地や株を買いあさり、投機にはしったのですが、これにより金融機関は後に膨大な不良債権を抱えることとなりました。

　バブル経済は1990年代初めに崩壊し、日本経済は長期不況局面に入りました。様相は一変します。もともとは「事業の再構築」を意味するリストラクチュアリング（restructuring）という用語が人員削減の「リストラ」として使用されるようになりました。70年代の石油危機を引き金とする不況期にはおもに現場労働者（ブルーカラー層）が人減らしの対象でしたが、90年代以降はホワイトカラーにも削減の波が押し寄せました。実質賃金は90年代後半以降、四半世紀余にわたって低迷状態が続いています（図0-1）。これは先進国のなかでも例外的です（図0-2）。

図 0-1 実質賃金指数の推移（1997年＝100）

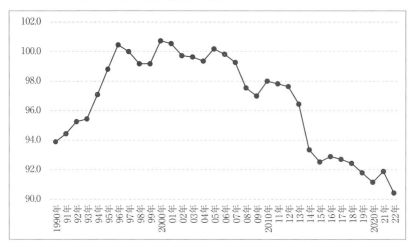

（注）きまって支給する給与（調査産業計、就業形態計、5人以上規模の事業所）
（出所）「毎月勤労統計調査」（年次集計）より作成。

図 0-2 主要国の名目賃金の推移（1995年＝100）

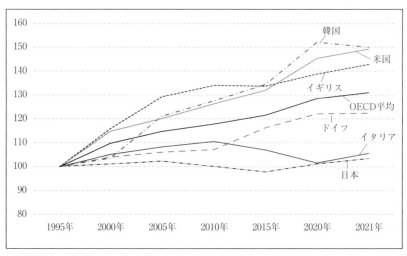

（出所）OECD 統計より作成。https://data.oecd.org/earnwage/average-wages.htm

はじめに

　21世紀に入って世の中にはさまざまな貧困や、それに関連する事件が目につくようになりました。東京・秋葉原無差別殺傷事件（2008年6月）を起こした青年が派遣労働者だったこともあって「派遣」という働き方に社会の関心が集まりました。リーマンショックを契機とした世界不況のなかでの派遣切りの嵐、その年の暮れから09年初頭にかけての「年越し派遣村」の運動で派遣労働に対する批判は頂点に達しました。

　その後の数年間、民主党政権（2009年9月～12年12月）のもとで派遣労働者は減少し、東日本大震災の発生（2011年3月）もあって働き方・働かせ方への関心はやや薄れていったようです。しかし、12年末の安倍首相の政権復帰以降、アベノミクスによって貧困はさまざまな形をとって社会のすみずみに広がっていきました。

　バブル崩壊から35年近くになる今日、人手不足を背景に名目賃金は徐々に上昇に転じていますが、円安とロシアによるウクライナ侵略などによる物価高騰を受けて実質賃金は依然として低下ないし停滞傾向が続いています。政府は公式にデフレ脱却を宣言できず、「賃金が上昇しない国」日本という汚名を返上できないでいます。「貧困」をタイトルにした本が次つぎに出版され、社会科学系の学会では「貧困」をテーマにシンポジウムがいくつも開かれています。

　若年人口の減少を背景に、新規学卒者の就職状況は好転したものの、雇用にかかわる貧困はむしろ拡大しました。今野晴貴さんのベストセラー、『ブラック企業』（文春新書、2012年）を機に、誰もが口にするようになった「ブラックな働き方・働かせ方」も貧困の一形態と言えるでしょう。その一方で、従来型の貧困もなくなったわけではありません。2021年11月、東京・渋谷区で発生したホームレスの60代の女性を撲殺するという凄惨な事件はその象徴です。女性は元劇団員で舞台に何度も立ったことがある人でした。その後、派遣社員をして暮らしていましたが、コロナ禍が仕事を奪い収入が途絶えたため、すみかを失い、バス停の窮屈なイスに腰掛けて夜を過ごすようになりました。死亡時の所持金はわずか8円でした。い

までは貧困は特別な人だけにふりかかる災厄ではなく、何かのきっかけで誰でも陥る可能性のある問題になっています。

　本書では、まず現代日本の貧困の諸相をいくつか取り上げ（第1部）、次に貧困を捉える視点を検討します（第2部）。続いて今日の貧困を歴史的に振りかえり、現代的貧困の特徴を明らかにしたいと考えています（第3部）。これらをとおして、日本社会に蔓延する「自己責任論」を乗りこえるための手がかり探りたいと思います。仕事を失ったり、過労死したりするのは本人の「自己責任」として片づけるならば、企業や政府の責任は問われないことになります。真の原因にメスが入らないままでは問題は何も解決できません。それどころか、生活困難をかかえた人同士でバッシングする事態を生みかねません。

　自己責任ではないとすれば、日本が「貧困大国」すなわち貧困が蔓延する社会に至ったのはなぜでしょうか。現代的貧困の諸相をさまざまな角度から考察するなかで、解き明かしたいと思います。

　ところで、これが一番肝心な点なのですが、本書の書名にある「貧困」とはそもそもどのような状態をいうのでしょうか。これについて、大多数の人が同意している定説があるわけではありません。所得が少なく生活の困難に直面している状態を貧困と呼ぶことに異論はないでしょう。しかし、貧困はそれだけではありません。自分で自由にできる時間を持てないほど忙しく働いている（働かざるをえない）人も「時間」という視点から見れば貧困と呼べるでしょう。また、安定した仕事が得られず、来週、来月または来年からどのようにしてお金を稼げばよいか、不安にかられている状態も貧困と言えるでしょう。実際、職を失うとたちまち収入がなくなります。今まであった人間関係にもヒビが入ります。さらに、後述する外国人技能実習生のように権利を侵害され、人間としての尊厳を否定されるような働き方を強いられている状態もまた貧困にほかなりません。

　貧困問題にはさまざまなアプローチがありますが、本書では「雇用と働き方」という視点から現代の貧困について考察したいと思います。これに

対して「雇用と働き方」は貧困の背景や要因であっても貧困それ自体ではないという批判が予想されます。本書全体をとおして、こうした批判に答えたいと思います。

　執筆に際して高校生はじめ若い方にも読んでもらいたいと思い、できるだけ平易な表現に努めました。第2部は少々理屈っぽい箇所がありますので、読み飛ばしていただいてもかまいませんが、第1部、第3部の後で第2部、とくにⅢ（貧困研究に「労働」をとりもどす）をちょっとのぞいていただければ有り難いです。本書は必ずしも明るい内容ばかりではありませんが、ぜひ最後までおつきあいくださるようお願いします。そして現代的貧困から脱却する手がかりはどこにあるのか、一緒に考えていただければ嬉しいです。

雇用と働き方から見た現代貧困論
＝目次＝

はじめに 1

第1部　貧困の諸相

Ⅰ　人手不足下の「不本意な働き方」
　　　　― 若者の苦境、働かざるをえない高齢者　14
　（1）学生アルバイトの苦境、奨学金地獄　15
　（2）働く高齢者の貧困 ― 休息する権利のはく奪　19
　（3）シルバー人材センター ― 高齢者対象の人材ビジネス　24
　（4）人手不足の穴埋めに活用される若者と高齢者　27

Ⅱ　法のはざまに置かれた非正規雇用の公務員　29
　（1）会計年度任用職員制度のはじまり　29
　（2）理不尽な雇い止め　32
　（3）法のはざまに置かれた非正規公務員　35

Ⅲ　女性、子どもの貧困とセーフティネット　36
　（1）ひとり親世帯、シングルマザーの困窮　36
　（2）賃金の底上げの重要性　40
　（3）公的給付金、生活保護制度の役割　41

Ⅳ　現代的貧困としての過労死　42
　（1）働き過ぎにたおれた人びと　42
　（2）過労死の現状　49

（3）近年の労働時間の特徴　53
　（4）ストレスの強い働き方　56
　（5）過労死の認定基準の改正　58
　（6）雇用形態の変化と過労死　59

Ⅴ　外国人技能実習生の人権侵害、働き方の貧困　60
　（1）「労働力使い捨て社会」と外国人労働者　60
　（2）コロナ禍の外国人技能実習生の苦難、海外からの批判　65

第2部 今日の貧困をとらえる視点

Ⅰ　河上肇著『貧乏物語』および『第二貧乏物語』によせて　69
　（1）『貧乏物語』および『第二貧乏物語』の貧困概念　69
　（2）「貧困」をどうとらえるか── 貧困論の検討　73

Ⅱ　失業と半失業── マルクス「相対的過剰人口論」　76
　（1）資本蓄積と相対的過剰人口　77
　（2）相対的過剰人口の存在形態　80
　（3）人材ビジネスによる産業予備軍の動員　84
　（4）人口減少社会における失業・半失業　85

Ⅲ　貧困研究に「労働」をとりもどす　87
　（1）貧困研究から「労働」を追いだしてよいか　87
　（2）失業・不安定就労と貧困研究　94
　（3）不安定就業階層への着目　100

第3部　雇用と働き方の貧困 ― 30年間の推移

Ⅰ　バブル崩壊、高失業社会の出現、労働市場の構造改革　104
　（1）あいつぐ金融機関の破綻、大規模人員削減　104
　（2）正規雇用の削減、非正規労働者の増加　106
　（3）間接雇用（派遣労働、業務請負）の活用　108
　（4）失業者としてとどまることを制限する措置 ― 半失業化政策　114

Ⅱ　ワーキングプアの時代　116
　（1）「ワーキングプア」の社会問題化、それを生み出した経済構造　116
　（2）非正規雇用・半失業の堆積　120
　（3）就職氷河期世代の困難、貧困の世代間連鎖　127

Ⅲ　アベノミクスは貧困問題を解決したか　129
　（1）2015年労働者派遣法改正　130
　（2）「雇用によらない働き方」の推進　136
　（3）「働き方改革」と過労死　138
　（4）雇用は改善されたか　141

Ⅳ　コロナ禍による雇用・失業の変化　144
　（1）休業者の増加 ― 失業者の新たな形態　145
　（2）非正規雇用の急減　151
　（3）正規雇用の増加について　153
　（4）コロナ禍の貧困の拡大、暮らしへの不安　154

Ⅴ　「雇用によらない働き方」とプラットフォーム労働　158
　（1）ワーカーの現状と働き方・働かせ方　160

（2）プラットフォーム労働（PF労働）　176
　（3）PF労働の問題点　180
　（4）「雇用によらない働き方」についてのワーカーの評価　186
　（5）ワーカーの働き方・働かせ方の改革　189

Ⅵ　現代的貧困の帰結としての人手不足、人口減少社会　193
　（1）今日の労働力不足の特徴　193
　（2）少子化、若年人口減少 ―「労働力不足」の要因（その1）　198
　（3）「労働力使い捨て社会」―「労働力不足」の要因（その2）　199
　（4）政策がつくり出した持続不可能な働き方
　　　　　　　　　　―「労働力不足」の要因（その3）　207
　（5）急がれる「労働力使い捨て社会」の改革　211

むすび ― 貧困に立ち向かう政策課題と運動　213
　（1）「貧困大国日本」を生み出した要因　213
　（2）貧困大国からの脱却の政策課題　216
　（3）運動の再興　223

参考文献　230

あとがき　235

【図表一覧】

図 0-1　実質賃金指数の推移（1997 年＝100）
図 0-2　主要国の名目賃金の推移（1995 年＝100）

表 1-1-1　非正規雇用の高校生の増加（15 ～ 19 歳）
図 1-1-1　男性・非正規労働者の年齢別構成の推移（2002 年、12 年、22 年）
表 1-1-2　週 35 時間以上働く非正規ワーキングプア（女性）
表 1-1-3　就業者の職業別構成の国際比較（ILO,2020 年推計値）
表 1-2-1　会計年度任用職員の職種別内訳
表 1-2-2　地方自治体職員定員の推移
図 1-3-1　消費者物価指数の推移（2020 年＝100）
図 1-4-1　病院勤務医（正規雇用）の労働時間はいかに長いか
図 1-4-2　雇用と働き方・働かせ方の現状
図 1-4-3　過労死などの労災請求件数の推移
図 1-4-4　雇用形態別・年間労働時間の推移
図 1-4-5　働き方の量的・質的面から見た過労死等のリスク

図 2-1-1　労働者状態を捉える基準
図 2-2-1　雇用と失業の中間形態（半失業）

図 3-1-1　完全失業者、完全失業率の推移
表 3-1-1　正規雇用，非正規雇用，非正規比率の推移（1992 年→ 2022 年）
図 3-1-2　正規・非正規雇用の増減（1997 年→ 2002 年）
表 3-1-2　労働者派遣法の規制緩和の推移
表 3-2-1　ワーキングプア、派遣法改正関連年表
図 3-2-1　年齢別完全失業率の推移（1990 年～ 2012 年）
図 3-2-2　派遣労働者数の男女別推移
表 3-2-2　非正規雇用のなかの半失業の試算（男女計）
図 3-2-3　雇用者報酬、輸出額、経常利益の推移（1997 年～ 2010 年）
表 3-2-3　男性・年齢別雇用形態（2019 年）

図 3-2-4　男性・正規・中年層の所定内賃金の分布特性値（中位数）の推移
表 3-3-1　派遣労働者数の推移
表 3-3-2　名ばかり正規雇用、実質的正規雇用、実質的非正規雇用
図 3-4-1　従業上の地位・雇用形態別の休業者の構成（2020 年 4 月）
表 3-4-1　失業、半失業、広義の失業率 (男女計)
図 3-4-2　非正規雇用の減少（対前年同期差）――リーマンショック期とコロナ期の対比
表 3-4-2　前職が非正規雇用で過去 1 年間に離職した者の現在の就業状況（男女計）
図 3-5-1　非農林業・雇無し自営業主の推移（2001 年→ 23 年）
図 3-5-2　ワーカーの就労パターン
表 3-5-1　ワーカーの職業別構成
表 3-5-2　ワーカーの主な業務内容
表 3-5-3　正規・非正規雇用とワーカー（本業）の年収構成の比較
表 3-5-4　年間所得 50 万円未満のワーカーの年間就業日数、週間就業時間
図 3-6-1　有効求人数、有効求職者数、有効求人倍率の推移（パートを含む一般労働者）
表 3-6-1　職業別有効求人倍率の推移
表 3-6-2　15 歳以上人口の推移（年齢階層別）
表 3-6-3　雇用形態別・介護職業従事者の推移（2012 年→ 22 年）
表 3-6-4　男女別・職種別・時間あたり賃金の比較（一般労働者、2023 年）

図 4-1　OECD 各国の平均賃金に対する最低賃金の比率（2022 年）

第1部　貧困の諸相

I　人手不足下の「不本意な働き方」
── 若者の苦境、働かざるをえない高齢者

　リーマンショック後に深刻化した失業者増にかわって今や「人手不足」が顕在化し、日本の労働市場は「売り手市場」になったと言われます。確かに新規学卒者の就職状況は好転しています。とはいえ、目を転ずれば、非正規雇用比率は近ごろ女性で減少傾向が見られるものの、全体として高止まりし、非正規雇用から正社員への転換を希望しても容易ではありません。人手不足のもとで一部の業種でパート、アルバイト賃金の上昇が見られるものの、日本の実質賃金指数は 1997 年以降、低迷状態が続いています（図 0-1）。奨学金という名の借金を返済できず自己破産する若者、単身女性やシングルマザー、高齢者の生活苦など貧困は社会全体にジワジワと広がっています。警察庁のデータによれば、2023 年の全国の自殺件数 2 万 8344 件のなかで生活苦（1667 件）や多重債務（792 件）、事業不振（558 件）、失業（281 件）など経済・生活問題を理由とする自殺が 5181 件、また勤務問題が 2875 件を占めています。長時間・過酷労働による過労死や精神障害の増加も依然として深刻です。

　これまでの常識では、人手不足、つまり労働市場で売り手に対する買い手の増加が持続すれば、賃金は上昇するはずでした。ところが、実際にはそうなっていません。それどころか人手不足にもかかわらず労働者を使いつぶすような働かせ方がいたるところで見られます。その典型が 2015 年暮れに発生した電通の女性新入社員の過労自殺事件でした。心身を蝕むパワハラや深夜におよぶ長時間労働という、自分の意に反する不本意な働き方を長期にわたって強いられ疲弊している状態は働き方の貧困そのものです。

　本書では現代の貧困を多角的に捉えることをめざしています。まずはじ

めに若年者と高齢者に見られる不本意な働き方に注目しましょう。

(1) 学生アルバイトの苦境、奨学金地獄

　いま大学生の多くが奨学金とアルバイトで生活をやりくりしています。親の経済援助に多くを期待できないためです。こうしたケースは高校生でも少なくありません。奨学金の大半は借金そのものです。給付型奨学金の割合はわずかです。このため、若者の多くは卒業後、その借金返済に四苦八苦しています。

　2018年1月12日付の「朝日新聞」に次のような記事が載りました。

　「国の奨学金を返せず自己破産するケースが、借りた本人だけでなく親族にも広がっている。過去5年間の自己破産は延べ1万5千人で、半分近くが親や親戚ら保証人だった。奨学金制度を担う日本学生支援機構などが初めて朝日新聞に明らかにした。無担保・無審査で借りた奨学金が重荷となり、破産の連鎖を招いている。」

　これは7年以上前の記事ですが、その後、コロナ禍を経てこのような事態はさらに深刻化している可能性があります[1]。大学卒業後、正社員として就職できず、非正規の仕事についた場合、日々の生活費を確保するだけで精一杯、奨学金返済は不可能となります。卒業後の返済の足しにしようと、在学中からアルバイトを目一杯入れる学生も珍しくありません。コロナ禍はその貴重な収入源を奪いました。

　なお、コロナ禍のアルバイトの減少、休業強制については、第3部Ⅳで詳しく取り上げます。

働く高校生・大学生の増加が示すもの ― 学ぶ権利を奪われた若者たち

　表1-1-1は高校在学者（15〜19歳）の就労状況を示しています。2012

---

[1] 警察庁のデータでは、奨学金の返済苦を理由とした自殺件数が2023年に6件ありました（「令和5年中における自殺の状況」）。

表1-1-1　非正規雇用の高校生の増加（15〜19歳）

(単位：人、％)

	高校在学者			うち非正規雇用			非正規比率		
	2012年	17年	22年	2012年	17年	22年	2012年	17年	22年
男女計	3,736,100	3,546,100	3,281,500	202,600	210,100	225,800	5.4	5.9	6.9
男性	1,888,700	1,810,800	1,678,000	76,400	84,000	89,600	4.0	4.6	5.3
女性	1,847,400	1,735,300	1,603,500	126,200	126,000	136,200	6.8	7.3	8.5

(注)　非正規比率：在学者に占める非正規雇用の割合を示す。
(出所)　「就業構造基本調査」2012年：第2表、第12表／2017年および22年：第2-1表、第12表より作成。

　年から22年までの10年間で高校在学者は374万人から328万人へ、45万人減少しているにもかかわらず、非正規雇用で働いている生徒は2.3万人増加しました。非正規比率はこの10年間で1.5ポイント増え、6.9％に上昇しています。男子生徒の非正規比率5.3％に対し、女子は8.5％で、男女間の差異が目立ちます。高校生アルバイトの多くが飲食業やコンビニなど対人サービス業や小売業で働いているため、女子生徒の方が歓迎されるのでしょうか。

　NHKスペシャル「見えない"貧困"— 未来を奪われる子どもたち」（2017年2月12日放送）で紹介された千葉県の公立高校アルバイト調査によれば、アルバイトをしている生徒の51％が収入を家の生活費に入れていました。番組が取り上げた母子家庭の生徒の場合、非正規で働く母親を助けるため、ファミレスとコンビニのアルバイトをかけもちし、平日は1日4時間、休日8時間、週4日働いています。「少しでもお母さんが楽になればいいなって」という生徒の言葉が何とも切ないです。

　親の支援がなかったり、十分ではない場合、学生は「奨学金」という名のローンを借りるのですが、それだけでは学費や生活費をまかなえず、アルバイトに精を出す学生が増えています。卒業後に迫られる奨学金返済に備えて貯金をする若者も少なくありません。

　非正規雇用で働く大学生も増加しています。大学進学率の上昇を反映して大学生は2012年から22年までの10年間で16万人増えましたが、非正

規雇用に従事している学生の増加数は33万人、その2倍です。大学生に占める非正規雇用の比率はこの間に32.3％から41.9％に、とくに女性は34.3％から44.2％に上昇しました。

　なかでも深刻なのは生活保護世帯の大学生です。現行制度は生保受給世帯の子どもの大学進学を認めていないため、進学と同時に子どもの分だけ保護費が減額されます。このため学費はもちろん生活費も本人がアルバイトで稼ぐしかありません。2016年度に大阪府堺市のケースワーカーの研究会が大阪市立大学と合同で行った調査では、4年制大学に進学した生活保護受給世帯の学生のうち、74.1％が日本学生支援機構から4年間で400万円以上の奨学金を借り入れていた（見込みを含む）といいます[2]。

　全国大学生協連「第52回学生生活実態調査」（2016年10月〜11月実施）によれば、大学生の1週間の就労時間は平均12.5時間、このうち10時間以上15時間未満は18.4％、20時間以上も13.9％にのぼります。夜10時から朝5時までの深夜時間帯にも20.7％が就労し、その平均日数は週のうち2.2日。アルバイト収入の用途は、「生活費の維持」19.2％、「生活費のゆとり」22.3％に対し、「旅行・レジャー」24.3％です。「貯金」も17.7％ありますが、このなかには就職活動や卒業後の奨学金返済のために蓄えておく学生も含まれるでしょう。なかでも貸与型奨学金の受給者は返済の不安をかかえ、就労時間も長いという特徴が見られます。これらの数値を踏まえると、学生アルバイトの少なくとも半数は生活上の必要から就労していると考えてよいでしょう。

ブラックな働かせ方

　アルバイトをしている学生の方が、そうでない学生よりも読書や勉強時間が短く、しかも、バイト先ではシフトの強制、正社員なみの責任やノルマまで課せられ、学業や就職活動などに種々の支障が生じています[3]。た

---

[2] みわよしこ「生活保護世帯の貧困大学生、借金・アルバイト漬けの暗闇」DIAMOND Online、2017年5月26日。

とえば、「アルバイトが休みの日にもエリアマネジャーから携帯に呼び出しのメールが届く」、「アパレル店のバイトは店で販売している商品を着用しなければならない。昨年の商品の使い回しは禁止。割引があるとはいえ支払いが大変」、「レジを締める際、1000円以上の誤差がある場合、原因がわかるまで居残りしなければならない」など、心身を消耗させる働き方が横行しています。深夜に一人で（いわゆるワンオペ）牛丼店をきりもりしなければならない学生は翌日登校しても教室で眠り込んでしまいます。かつて私が教員をしていた当時、そのような事情を知らずに、「爆睡」していた学生を理由も聞かずに叱ったことがありましたが、いまになって私の浅慮を反省しています。

「学生は主婦パートとは違いいくらでも融通がきく」という使用者の身勝手な判断で、学生アルバイトを基幹的かつ細切れ的労働力として使う手法が広がっています。いわゆる「ブラックバイト」です（今野 2016）。日本の飲食サービス業、小売業の大型チェーン店はこのような「使い捨て型雇用」を乱用して莫大な利益を上げてきました。日本のサービス業の生産性の低さがしばしば問題とされますが、生産性を上げることが労働者に対する働き方の貧困をもたらさないよう社会的なチェックが必要です。厚生労働省も「ブラックバイト」に対する社会的批判の高まりを受けて、取り締まりに乗り出しました[4]。

いま日本では高校生も含め、学生アルバイトの多くが本人の意に沿わない働き方によって学ぶ権利をはく奪あるいは制限されているのではないでしょうか。つまり不本意型就業にあたります。学費無償化、充実した給付型奨学金、在学中の生活保障制度などが整備されていれば、これほどアルバイトに時間とエネルギーを注ぐことはないでしょう。これは同時に日本の飲食サービス業や小売業のビジネスモデルの変革を促すことになります。

---

[3] 今野（2016）、大内・今野（2017）を参照ください。
[4] 厚生労働省は 2013 年 8 月 8 日に「『若者の「使い捨て』が疑われる企業等への取組を強化」する方針を明らかにし、9 月を「過重労働重点監督月間」として、集中的な取組みを行いました。

ドイツのマクドナルドでも高校生（職業専門学校）が訓練生として働いていますが、国や自治体、学校が認めた正式な職業教育として位置づけられたもので、賃金も保障され修了資格を与えられます。卒業後は、より高い労働条件で接客業・飲食業などに就職できます。「ブラックバイト」との違いは歴然としています。詳しくは田中編（2023）をご覧下さい。

日本の高校生・大学生アルバイトの現状は若者の貧困を示していますが、彼らの親が「就職氷河期世代」に重なっていることに着目したいと思います。第3部で詳しく触れますが、氷河期世代は、卒業時に正社員になれなかった場合はもちろん、正規雇用についた場合でも、その上の世代に比べ、中小企業への就職者や勤続年数が短い者が多く、賃金水準を押し下げています。これは大学生に対する親からの仕送り状況にも現れています。全国大学生協連「第58回全国学生生活実態調査」（2022年10月～11月実施）によれば、下宿生の場合、仕送り額が10万円以上の比率は1995年には回答者の62.4％を占めていましたが、その後急減し、2005年44.4％、10年31.7％、20年27.9％、22年には25.1％にまで低下しました。一方、「仕送りなし」と答えた学生は95年当時わずか2.0％でしたが、リーマンショック後の2010年に10.5％に上昇し、22年は8.3％です。親の所得水準が子の就学状況にも連動し、生活や学費のために働かざるをえない生徒・学生を増やしていることは明らかです。

（2）働く高齢者の貧困 ― 休息する権利のはく奪

『週刊女性』PRIMEに（2023年7月16日配信）働く高齢者の特集記事が掲載されました。

「第一線を退いた高齢者は、そもそも仕事に就くのにひと苦労。多くはアルバイトやパートなどで、職種もほとんど選べない。仕事にありつけたらラッキーというのが実際のところだ。高齢になれば、体力、認知機能ともに衰えてくるし、持病を抱えることも多くなってくる。本来なら、心

身に負担が少ない仕事が理想的だが、現実は、待遇が悪く、肉体的にも精神的にもきつい仕事でも我慢して働くほかなく、それが労災へとつながっていく。」

これに続いて、茨城県の車の販売店で展示車の洗車作業中に熱中症で倒れて亡くなった70代や、介護サービス利用者宅に自転車で向かう途中に車と接触して頭を強打して亡くなった80代の訪問介護従事者のケースが取り上げられています[5]。

この記事にたいして1000件を超えるコメントが寄せられました。そのなかのいくつかを紹介しましょう。

「56歳で長年勤めた会社が解散。そこからが地獄の始まり、50社ぐらい正社員の応募に落ち続けとりあえず皿洗いのバイト。しかしそこで板前から、こんな使えない奴はいないと言われ、毎日が辛く我慢の連続。」

「大企業ですが年齢による配慮なんか全くありません。長い移動距離、重量物運搬、あちらこちらへと、休憩やトイレも我慢して作業することも。ほんと命削ってますよ。早く早くこの労働から解放されたいです。」

「70歳まで働くつもりが65歳で膝痛になり退職したいと口にしたら高齢者仲間から私達だってどこかしら痛いけど、痛みと付き合いながら働いてるんだよ！　と言われました。高齢者になり、こんな身体で働くのが生き甲斐や幸せなんでしょうかね。悲しい国になりました。」

「定年退職して再雇用制度がない会社や、再雇用があっても会社から断られたとき、ハローワークで仕事を見つけようとしても、工事現場の警備員、介護現場、トイレの清掃員、やや体力があって建設現場や現場の清掃員などしかない。これらは、これまでの経験を活かせるのではなく、身体をつかった単純労働で、ケガをしたり病気になるとお払い箱です。」

ここには「生きがいのために自分の都合に合わせて自由に働く」という世間に見られるイメージとはほど遠い、高齢者就労の現実が寄せられてい

---

[5] https://news.yahoo.co.jp/articles/a8e4d727a69bcf7b51664ba7dbe90d9324ce65cb?page=1　（アクセス日時：2023年7月16日）

図1-1-1　男性・非正規労働者の年齢別構成の推移（2002年、12年、22年）

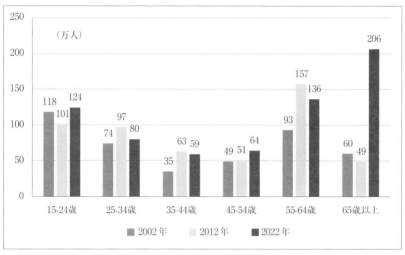

（出所）「労働力調査（詳細集計）」2022年、長期時系列表10-1より作成。

ます。

休息する権利のはく奪

　いま人口減少の一方で、労働力人口は増加していますが、これには高齢者の就労も寄与しています。その多くは非正規雇用です。男性については、35歳未満の若者と65歳以上の高齢者が非正規雇用の主役です（図1-1-1）。

　内閣府「第8回高齢者の生活と意識に関する国際比較調査」（2015年）によれば（調査対象60歳以上）、今後も就労継続を希望する理由について、日本の高齢者のおよそ半数が「収入がほしいから」を選択しています。これに対しドイツの高齢者は3割、スウェーデンは2割です。第9回調査（2020年）ではドイツ、スウェーデンの高齢者も収入目的で働く割合が増えていますが、依然として日本よりかなり低い水準です。公的社会サービスが整備されている国では収入を目的に働く必要性が少ないからでしょう。

表 1-1-2　週 35 時間以上働く非正規ワーキングプア（女性）

（単位：万人）

	年収	2013年	18年	23年
年齢計	週35時間以上就労する非正規雇用の計	397	397	384
15〜64歳	週35時間以上就労する非正規雇用の計	381	370	352
	100万円未満	44	27	19
	100〜199万円	202	186	138
	200万円未満小計	246	213	157
65歳以上	週35時間以上就労する非正規雇用の計	16	27	32
	100万円未満	4	4	4
	100〜199万円	8	15	15
	200万円未満小計	12	19	19

（出所）「労働力調査（詳細集計）」各年、第Ⅱ-9表より作成。

　収入の確保を主たる目的に働く高齢者は、若年期、壮年期をとおして非正規で働いてきたため、年金保険料を払えず無年金となった人や、現役時代の賃金水準に連動して年金受給額も少ない人、夫または妻を介護施設に入れたため、年金ではその費用をまかなえない人などさまざまです[6]。さらに、非正規雇用の子（30代、40代）が同居しているため、年金に加え高齢の親も働かなければ生活が維持できないという事例もあります[7]。

　とりわけ注目すべきは、**表 1-1-2** が示すように、正規雇用並みに週35時間以上就労する女性の高齢者が増加し、なかでも年収200万円未満のワーキングプア層が増えていることです。15〜64歳層では週35時間以

---

[6] 詳細な事例については藤田（2016）を参照ください。
[7] 厚生労働省「就業形態の多様化に関する総合実態調査」（2010年）によれば、30代後半の男性非正規雇用のうち、おもな収入源として「親の収入」をあげた比率（12.9%）はその前後の年齢層（30代前半4.8%、40代前半2.7%）に比べ飛び抜けて高くなっています。当時の30代後半層は就職氷河期世代に該当します。なお、その後の上記調査では、「主な収入源」の集計はみあたりません。

上就労する非正規雇用の女性が減少しているのと対照的です。65歳以上層の方がワーキングプア比率が高いことにも注目したいと思います。ここから浮かび上がってくるのは、年金制度の貧弱さゆえに、しかも非正規労働者の賃金が低水準のために、高齢にもかかわらずフルタイムで働かざるをえない姿です。

人生の終着点を控え、仕事よりも休息を望む高齢者にはその権利を保障しなければなりません。無理をおして働かなければならない状態は休息する権利のはく奪、自由な時間を奪われた状態（第2部Ⅰ）を意味します。

労働災害のリスク

高齢者は労働災害に罹災するリスクも高くなります。加齢にともなって身体能力や危険予知能力が徐々に低下している高齢者に対して、中年層・若年層と同様の負荷のかかる仕事をさせることは思わぬケガにつながりかねません。労働災害統計にもこのことがはっきりと現われています。企業に雇用されている人全体に占める60歳以上の高齢者の割合は2022年平均で18.4％ですが（「労働力調査」）、労災による休業4日以上の死傷者数に占める60歳以上の比率は28.7％に上っています（役員を含む）。

60歳以上の労働災害発生率（千人率）[8] を30代と比較すると、男性は約2倍、女性は約4倍です。労災の特徴は、墜落・転落、転倒によるものが多く、男性の場合、墜落・転落による労災は60代以上（平均0.91）が20代平均（0.28）の3.25倍です（2022年）。一方、女性は転倒よるケガが多く、60代以上（平均2.34）は20代（平均0.15）の約15倍に上ります[9]。休業見込み期間は年齢が上がるにつれて長くなる傾向があり、こうした事故が原因となって、その後の日常生活にも大きな支障となることがあります。

---

[8] 労働災害による死傷者数をその年の平均労働者数で除し、1000倍した数値で表します（千人率と言います）。

[9] 高齢者の労災については、厚生労働省「令和4年高年齢労働者の労働災害発生状況」（2023年5月）をもとにしています。

政府は人手不足の緩和や社会保障費の抑制を図るため、70歳までの就労を督励していますが、高齢者の健康状態は個人差が大きく、一律に就労を促すことには慎重であるべきです。とりわけ、高齢者が生活費を確保するために、身体の不調にもかかわらず無理をして働くならば、リスクをさらに高めることになるでしょう。

　最近では事実上の日雇い派遣で働く高齢者が増えています。タイミーに代表される、いわゆる「スキマバイト」を利用する高齢者です（「朝日新聞」2024年8月18日付）。都合のよい時間を利用して働けるというメリットがさかんに宣伝されていますが、思わぬ労災にあうリスクもあって不安定雇用に共通するデメリットにもっと目を向けるべきと思います。なお、タイミーなどの「スキマバイト」については第3部Ⅴ「『雇用によらない働き方』とプラットフォーム労働」でも取り上げます。

（3）シルバー人材センター ― 高齢者対象の人材ビジネス

　高齢者の仕事を斡旋する組織としてシルバー人材センターがよく知られています。同センターは高年齢者雇用安定法によって設けられた公的組織で、「臨時的かつ短期的な就業（雇用によるものを除く。）又はその他の軽易な業務に係る就業（雇用によるものを除く。）を希望する高年齢退職者のために、これらの就業の機会を確保し、及び組織的に提供すること」を目的にしています（同法38条）。月間の就労日数は10日程度以内、就労時間は週20時間を超えないことが目安とされています。ここに登録して働く高齢者の数は2022年には約68万人に上っていますが、さまざまな問題を抱えています。

個人事業主という働き方・働かせ方

　最も大きな問題は、シルバー人材センターに登録している高齢者は「個人事業主」としてセンターから仕事を請負って就労している点です。高齢

者がセンターから支払われるのは賃金ではなく、「配分金」とされています。作業中または通勤途上でケガをしても労災補償を受けることはできません。最低賃金法の適用もありません。

あるセンターの墓地清掃作業の事例を見ましょう。2023年9月、3人で作業したのですが、センターから依頼者（注文主）には6673円（うち消費税606円）の請求がありました。消費税を除くと、この内訳は材料費など（除草剤、供花）1356円、事務費428円、配分金4282円（1人あたり1427円）です。センターが取得する事務費は配分金の1割に相当します。実際の作業時間は明らかではないのですが、仮にセンターから現場までの時間を含め2時間かかっていれば最低賃金を大幅に下回ることになります。

全国シルバー人材センター事業協会の概要は「センターでの働き方は『生きがいを得るための就業』を目的」としていると明記していますが[10]、「生きがい就労」という、あいまいな建前で、国が高齢者に対して労働法の適用がない不安定な就労を広げることは、雇用と働き方の貧困を拡大していることにほかならず、大きな問題と言わざるをえません。短時間就労であってもきちんと労働法を適用すべきです。

「生きがい就労」という発想の前提には何があるのでしょうか。生活維持に必要な基本的収入は確保できており、自由な時間を活用して、自分の能力を発揮して周りの人の役に立つ仕事をしたいという高齢者像を想定しています。だから労働基準法や最低賃金法などの適用がなくても支障はないというのでしょう。

けれども実際にはそうしたゆとりある高齢者はそれほど多くはありません。無年金の人はもちろんのこと、多少の年金はあるものの、必要最低生計費には到底達しない人びとは何らかの方法で不足分の収入を得る必要があります。労働法の適用のないシルバー人材センターにおける働き方・働かせ方はこうした高齢者に対応するには難点をたくさん抱えています。

---

[10] https://www.zsjc.or.jp/about/about_02.html（アクセス日時：2024年4月15日）

最低賃金に満たない配分金もそうですが、作業中のケガに対する補償が問題です。場合によっては死亡事故に到ることもあります[11]。しかし、センターのホームページ（以下、HP）には「会員が仕事中に負傷しても労災保険の適用はありません」と明記しています。センターは民間の保険会社と提携して、傷害保険に加入し、ケガや死亡事故などの際に一定額の給付金を支給していますが、労災補償とはほど遠い金額です。もちろん休業補償などはありません。センターは「医療に関する給付（病院に支払う診療費、入院費、薬剤費等）を行うものではない」と記しています。

労働者派遣、職業紹介事業も

シルバー人材センターは高年齢者雇用安定法の改正（2004年）で、労働者派遣事業や職業紹介事業も営めるようになりました。これによりセンターに会員として登録した高齢者を企業（派遣先）に派遣することが可能となりました。この場合、一般の労働者派遣事業と同様に、センターは派遣元企業となり、発注者である派遣先企業との間で労働者派遣契約を、またセンターと高齢者は労働契約を結びます。センターが顧客企業から請け負った仕事を、高齢者が個人事業主として遂行する場合、就労先の企業は高齢者に対し指揮命令できませんが、派遣であれば自由に指揮命令できます。また、労働時間も週40時間まで認められます。

また、シルバー人材センターは派遣業だけでなく、職業紹介事業も行えるようになりました。センターに登録した高齢者を企業に紹介し、双方が合意すれば労働契約が成立します。

こうした法改正によっていまやシルバー人材センターは「人材ビジネス」としての性格が色濃くなっています。人手不足が深刻化するなかで、

---

[11] 2021年度中に次のような死亡事故（計20件）が発生しています。植木をせん定していて転落／草刈り作業中に道路脇の側溝に機械とともに落下／草刈り中に、別の会員の草刈り機の刃があたって出血／木を伐採していて倒れた木の下敷きになった／自転車で広報紙を配布中に宅配業者の車にはねられる、などです（「東京新聞Web版」2022年9月18日付）。

高齢者を労働市場に動員し、配置する機構（ポンプとパイプ）の役割を果たしています。繰り返しになりますが、同センターは高齢者の生きがい就労の斡旋を目的として、労働法の適用を受けない形で創設されました。派遣労働の仕組みの特徴と問題点については第3部で詳しく取り上げますが、労働権尊重意識の希薄な組織が人材ビジネス業者となって、さまざまな難点を抱える労働者派遣事業を同時に営むことの弊害が危惧されます。

（4）人手不足の穴埋めに活用される若者と高齢者

　これまで述べたように、学ぶ権利または休息する権利の侵害を伴いながら、若者や高齢者が人手不足の穴埋めに活用されています。コロナ禍の影響がなかった2019年の「労働力調査」（以下、「労調」）詳細集計のデータをみておきましょう。

　学生アルバイト（15～24歳の在学者・非正規）の職業は、飲食サービスなどのサービス職（43.7％）、コンビニ・スーパーなど販売職（31.1％）が大半を占めています。他方、高齢の非正規雇用（65歳以上）の場合、女性は介護職などのサービス職（31.3％）や清掃作業など（25.8％）に集中しているのに対し、男性は運搬や清掃作業を筆頭に（全体の2割）、輸送・機械運転職、事務職、生産工程職などに分かれています。

　販売職の非正規雇用（316万人）のうち、学生アルバイトが59万人（18.7％）、サービス職の非正規（472万人）のなかでは、学生84万人（17.8％）、高齢者80万人（16.9％、うち女性57万人）でした。とくに2013年から19年にかけて女性非正規雇用のサービス職は54万人増えたのですが（314万人→368万人）、増加分のうち30万人は高齢女性が占めています（「労調」（詳細集計）2013年・19年）。このように、近年のサービス経済化の基幹的担い手は学生アルバイトと高齢者、とくに高齢女性です。

表 1-1-3 　　就業者の職業別構成の国際比較（ILO, 2020 年推計値）

(単位：％)

	日本	ドイツ	アメリカ	イギリス	スウエーデン
合計	100.0	100.0	100.0	100.0	100.0
管理職	1.9	4.7	10.9	11.4	6.3
専門職	15.1	18.4	22.8	25.5	29.5
技師、准専門職	11.0	23.0	14.2	12.7	18.8
事務支援職	20.1	12.7	9.6	9.8	6.1
サービス・販売従事者	22.3	14.2	18.2	17.9	18.5
技能工及び関連職業の従事者	9.9	11.9	8.4	8.0	9.0
設備・機械の運転・組立工	9.0	6.0	5.8	4.9	5.5
単純作業従事者および農林漁業従事者	10.6	9.3	10.1	9.8	6.3

（出所）https://www.ilo.org/shinyapps/bulkexplorer12/?lang=en&segment=indicator&id=EMP_2EMP_SEX_STE_DT_A より作成。

　産業・就業構成のなかで、正規雇用の比率が比較的高い製造業にかわって、非正規雇用の比率の高い飲食サービス業や流通業[12]の比重が増していることが日本の特徴です。**表 1-1-3** が示すように、日本は、専門職の比率が他の先進国のなかで低い一方、サービス・販売従事者の比率がかなり高いという特徴があります。これらの職業では非正規雇用比率がとくに高く、サービス職業従事者は 62.3％、販売従事者は 42.2％です（「就業構造基本調査」2022 年、第 18 表）。前述のとおり、これらの非正規雇用の多くを低賃金の学生アルバイトや高齢者が担っているのです。日本のサービス産業の生産性の低さがしばしば批判されますが、多くの現場（店舗）は

---

[12] 「就業構造基本調査」（2022 年）によれば、産業別の非正規雇用比率（男女計）は「宿泊業, 飲食サービス業」が最も高く（75.0％）、これに「生活関連サービス業, 娯楽業」（56.8％）、「サービス業（他に分類されないもの）」（50.6％）、「卸売業, 小売業」（50.3％）が続いています。

もっぱら人の手による過密労働、深夜労働によって支えられています。前述した牛丼チェーン店のワンオペはその象徴です。

若者の学ぶ権利と高齢者の休息する権利を保障し、不本意な働き方を除去することは、低賃金のサービス・販売職に偏重した日本の産業・職業構造を転換し、専門職・技術職の比重を高め、生産性の高い経済構造の実現につながることでしょう。

II　法のはざまに置かれた非正規雇用の公務員

（1）会計年度任用職員制度のはじまり

不本意な働き方という点では、非正規雇用の公務員が最たるものです。なかでも会計年度任用職員は国がつくりだしたハラスメントとセットのワーキングプアです。「はむねっと」（公務非正規女性全国ネットワーク）が2022年5月〜6月に、公務部門（民間委託を含む）で働く非正規女性労働者を対象に実施したアンケートには次のような声が寄せられています。

「安い給料なのに最大1年、それから先は雇止めの可能性だってある。こんな不安を抱えながら公務の仕事をしている。」

「専門職として長年経験を積み、責任のある仕事をしてきましたが、雇用形態の不安定さや給料の少なさが悩みです。最近、母子家庭となったので、余計に深刻です。仕事にやり甲斐はあるけれど、食べていけない。苦しいです。」

「専門職であるのに任期のたびに職を失うのではないかと不安でたまりません。所得も低いです。なんとか改善できないかと強く思います。」

「職種によっては非正規でしか募集がないものもあります。中には専門

表 1-2-1　会計年度任用職員の職種別内訳

(単位：人、％)

	合計		フルタイム	パート
一般事務職員	183,029	29.4	15,848	167,181
技能労務職員	61,923	10.0	7,545	54,378
保育士	57,937	9.3	16,653	41,284
教員・講師	38,646	6.2	3,198	35,448
給食調理員	34,511	5.5	3,627	30,884
放課後児童支援員	18,750	3.0	472	18,278
図書館職員	18,185	2.9	1,244	16,941
看護師	16,911	2.7	2,962	13,949
医療技術員	12,061	1.9	1,874	10,187
その他	180,353	29.0	16,188	164,165
合計	622,306	100.0	69,611	552,695

(出所) 総務省「地方公務員の会計年度任用職員等の臨時・非常勤職員に関する調査結果」(2020 年 4 月 1 日現在)

性が求められる職種があり、雇用を切られることでスキルを伸ばせなくなるものもあります。スキルを高められるよう、雇い止めをなくしてほしい。」

「年度末の勤務の更新のある・なしをせめて 1 カ月以上前に教えてほしい。できれば 2 カ月前。急に解雇されては次の仕事が見つかるわけがない。」

会計年度任用職員制度は地方公務員法や地方自治法を改正し、2020 年 4 月に始まりました。官製ワーキングプア批判をかわす意図もあって、地方自治体の非正規職員にもボーナスや退職手当を支給可能とする制度というふれこみで、それまでの非常勤嘱託職員・臨時職員・パート職員などに代わって導入されたのです。総務省の調査 (2020 年) によれば[13]、制度発足時の会計年度任用職員は地方自治体全体で 62 万 2306 人でした。しかし

---

[13] 総務省「地方公務員の会計年度任用職員等の臨時・非常勤職員に関する調査結果」(2020 年 4 月 1 日現在) https://www.soumu.go.jp/main_content/000724456.pdf

臨時・非常勤職員（非正規公務員）がすべて会計年度任用職員に移行したのではなく、これ以外に臨時的任用職員（6万8498人）や特別職非常勤職員（3669人）もあり、大変複雑です。

表1-2-1のとおり会計年度任用職員の9割がパートです（フルタイム6万9611人、パート55万2695人）。フルタイムは、給与のほかに交通費や期末手当、退職手当が支給されますが、パートには退職手当が支給されません。自治体当局は労働時間をフルタイム職員よりわずか、たとえば15分だけ短くし、パートの会計年度任用職員にすれば退職手当の支払いを免れることができます。少しでも安上がりにしたい自治体はこぞってパート化しているのです。それまでフルタイムで働いていた非正規公務労働者が会計年度任用職員制度発足時にパートに切り換えられた事例もあります。

ワーキングプア公務労働者

　会計年度任用職員の賃金の低さが大きな問題です。総務省の先の調査によれば、事務補助職員の1時間あたりの賃金は自治体の単純平均で990円、給食調理員は1014円、保育士1156円、教員1583円です。フルタイムで働いても年収200万円に達しない人が多いと思われます。

　なかには生活保護を受給しながら公務の職場で働く人もいます。会計年度任用職員制度が始まる以前、2005年の事例ですが、埼玉県さいたま市の市立小学校で非常勤教員として働く50代の女性Aさんは時給1210円、1日5時間、週5日勤務していましたが、月収は手取りで10万円ほどにしかなりません。この月額は年齢や経歴に関係なく一律です。春休みや夏休みなどの長期休暇期間は収入がゼロのため、年収は80万円ほど。非常勤教員の仕事だけでは到底生活はたちゆきません。当時、同じような年収の臨時教員がさいたま市内で158人いたとのことです。Aさんは埼玉県川口市の自宅から遠く離れた千葉市のスーパーで試食販売員のアルバイトを兼業していましたが、身体が持たなくなり、知人の勧めもあり、月5万円前後の生活保護を受給しながら教壇にたつことにしました。「医療費や家

賃更新料も免除されるので、教職に専念できる安心があります」とのことでした（樫田 2009：189 〜 190 頁）。

　非正規公務員をこのような低賃金で働かせるのは、その多くが「家計補助的就労」であるという前提にたっているからです[14]。前述の総務省調査では会計年度任用職員の76.6％が女性です。他に主たる生計支持者がいない場合、ダブルワークをするほかないのですが、本業で週30時間働いているとダブルワークは容易でありません。

　「ダブルワーク出来ないほどの拘束時間があり、正規の人より毎日45分少ないだけで、1人で食べていけないような低賃金の労働は割に合わない。」（はむねっと2022年調査）

　このような割に合わない仕事であっても、それを選択する人びとがいることを前提にして会計年度任用職員制度は成り立っているのです。

（2）理不尽な雇い止め

　この制度では民間労働者の雇用契約期間にあたる「任期」を1年としています。再雇用（再任用）はありますが、総務省のマニュアルにしたがって、多くの自治体は更新回数を2回に制限しているため、3年経過すれば新たに公募に応募しなければなりません。選考試験結果をたてに、任用を拒否されることも少なくないのです。3年以内の再任用の場合でも自動更新ではなく、更新の書類を書いて採用面接に臨まなければならない事例もあります[15]。

　地方公務員法は再任用の場合のトータルの任用期間の上限を定めていないのですが、総務省が任用期間の長期化を避けようとしているのは、任用継続への「期待権」が生じることを警戒しているものと考えられます[16]。

---

[14] 家計補助的就労については竹信（2023）、後藤（2023）を参照下さい。
[15] 公務非正規女性全国ネットワーク（はむねっと）結成1周年記念集会（2022年3月20日）での当事者の訴えより。

当事者にとっては任期の終期（毎年3月末）が近づくと、次年度も雇用が継続されるのか、不安が募ります。もし、自治体側の事情で更新されなかった場合、たちまち生活の糧を絶たれます。上司や同僚に嫌われたら次年度の更新に影響するのではないかと、たえず気をつかわねばなりません。これをたてに当事者にハラスメント行為をする上司や同僚が珍しくありません。年度ごとの任用更新という仕組みは、セクハラ、パワハラなどを発生させやすい構造といえるでしょう。会計年度任用職員制度は国がつくりだしたハラスメントとセットになったワーキングプア創出策と呼ぶべきものです。

　2024年3月末、東京都は会計年度任用職員であるスクールカウンセラー250名を雇い止めにしました（「東京新聞」電子版、2024年3月6日付）。学校の校長が高い評価をしている人であっても、明確な理由を明らかにすることなく「制度」が設けた仕組みを根拠に強行しました。ベテランのスクールカウンセラーという信頼できる相談相手を失うことは生徒や保護者はもとより、正規の教員にとっても大変な損失です。

公共サービスの外部委託の増加、雇い止めの多発
　財政支出を削りたい自治体は直接雇用ではなく、「指定管理者制度」などを利用して外部業者への業務委託を進めています。保育所や学童保育、図書館など重要な公共サービスを民間企業に委託し、それまで勤務していた臨時・非常勤職員を雇い止めして、その企業に移管させる「包括外部委託」が増えています。こうした民間委託化を営利チャンスと捉え、積極的に受託に乗り出す業者も登場しています。次に取り上げる事例のように、公共サービスが専門ではない業者が、経験や知識のないまま現場の実態を無視した運営を行い、経験豊富な非正規職員とトラブルを引き起こし、解雇事件に発展するケースがあります。その代表例を紹介しましょう。

---

[16]　任用が長期化した労働者を雇い止めした自治体が裁判所で期待権を侵害したとして損害賠償金を支払うように命じられた事例がありました。

表 1-2-2　　地方自治体職員定員の推移

(単位:千人)

	1990年	95年	2000年	2005年	2010年	2015年	2020年	1990年→2020年の増減
一般行政部門	1,139	1,175	1,152	1,049	937	909	928	−211
教育	1,298	1,272	1,211	1,140	1,064	1,025	1,028	−269
警察	251	254	260	274	281	286	290	39
消防	134	148	153	156	158	160	163	29
公共企業等	407	430	429	424	374	359	353	−54
総　計	3,228	3,278	3,204	3,042	2,814	2,738	2,762	−466

(出所)　総務省「令和3年地方公共団体定員管理調査」をもとに作成。

　大阪府守口市の学童保育の業務を受託したのは全国でビジネスホテルチェーンを展開している共立メンテナンス株式会社でした。2019年4月、学童保育は何を目標としているのか、子どもの発達保障はどうあるべきかなどを理解しないまま運営に乗り出し、市直営時の保育内容を変えようとしたため、学童保育に精通したベテラン労働者（元守口市非常勤職員）の考えと対立する場面が生じました。それまで子ども本位で行っていた行事の実施などについて意見を述べた労働者に対し「反抗的」として、労働者や労働組合を嫌悪し団体交渉に応じなかっただけでなく、20年3月末、組合役員全員を含む労働者10人を雇い止めにしました。

　組合は大阪府労働委員会に救済を求めるとともに、大阪地裁に解雇撤回を求めて提訴しました。大阪府労委および中央労働委員会ともに労働側が全面勝利し、大阪地裁で22年4月に勝利和解が実現しました（佐久間2022）。これと類似の民間委託を契機とした雇い止め事件が全国で多発していると報じられています（須藤 2020）。

背景にあるもの

　こうした背景には小泉政権以来の構造改革政策にもとづく財源削減の強行があります。自治体に対して行政改革と称して、民間委託の推進（指定管理者制度の活用など）や「定員管理の適正化」という名の定員削減を強

いてきました（杉本 2019）。1990 年から 2020 年までの 30 年間に一般行政部門で 21 万人余、公立小中高校の教員など教育部門で約 27 万人、地方自治体職員全体では約 47 万人減っています（表 1-2-2）。

　このように職員定員が減らされる一方、教育や医療、保健、福祉、図書館、消費にかかわる相談など、住民の公共サービスに対する需要は増え続けています。このギャップを埋めるため、大半の自治体は非正規労働者に頼ってきました。このことは会計年度任用職員の職種からもうかがえます。先の表 1-2-1 のように、一般事務職員、保育士、教員、給食調理員、放課後児童支援員、図書館職員、看護師など実に多様です。一般事務職員が最も多いのですが、これとほぼ同数で「その他」があります。このなかにはスクールカウンセラー、消費生活センターや DV 対策など女性支援センターの相談員などの専門職が含まれます。今日では、これらの専門職につくには会計年度任用職員になるほかないという構造がつくられているのです。しかも、その専門職は長期の安定したポストではなく、数年おきに職を奪われ、新たに公募に応じなければならないという、まことに理不尽な仕組みになっています。

（3）法のはざまに置かれた非正規公務員

　使用者である地方自治体と労働者の関係は雇用関係ではなく、行政処分としての「任用」という形式をとっているため、非正規公務員には民間企業の労働者に適用されている労働契約法、労災保険法、最低賃金法などが適用されていません。実際のところ、最賃以下の賃金で会計年度任用職員を働かせている自治体が少なからずあると報じられています。労働基準法自体は正規、非正規公務員ともに適用されますが、労働基準監督署の監督を受けないため、職場における労働安全衛生を確保するための措置が形骸化しやすい構造になっています。

　会計年度任用職員が導入される前、非正規雇用の地方公務員は三種類あ

りました。「特別職非常勤職員」、「一般職非常勤職員」、「臨時的任用職員」です。このうち特別職は地方公務員法が適用されず、労働基本権が保障されており、労働組合を結成し、団体交渉やストライキを行うこともできます。現に雇い止めの阻止、手当の支給や賃上げを求めて組合をつくり、数々の成果を勝ち取ってきた東京公務公共一般組合のような事例があります。

ところが、会計年度任用職員の導入以降、大半の自治体は特別職非常勤職員を含め、非正規公務員を会計年度任用職員に切り換えた結果、団体交渉や協約の締結が困難になりました。会計年度任用職員制度は労働組合潰しの意図が含まれているとの指摘もあります。最賃法や労働契約法などによる保護もほとんどないような状態に加え、団結権も行使できないという、法のはざまに置かれた会計年度任用職員は国がつくりだしたワーキングプア、すなわち官製ワーキングプアそのものです。

III 女性、子どもの貧困とセーフティネット

（1）ひとり親世帯、シングルマザーの困窮

これまで現代的貧困として二つの問題を取り上げましたが、もちろん食べるものに事欠くという意味の貧困も解消したわけではありません。それどころか、社会全体でジワジワと広がっています。

コロナ禍で食糧支援の取り組みが全国各地で行われました。15年前のリーマンショック後の派遣切りの時と比べ、いまは支援を求める人びとのなかに単身女性や子どもの手を引いた女性が含まれるようになりました。また、アルバイト先が休業に追い込まれ、収入を絶たれ困窮した学生を支

援する催しにも多くの若者が列をつくっています。ふだんは目につきませんが、窮乏状態にある人びとが社会全体に広がっていることを示しています。

　コロナ禍による生活難や貧困はまずシングルマザーを襲いました。「しんぐるまざあず・ふぉーらむ」が 20 年 8 月から 11 月にかけて実施した「新型コロナウイルスの影響によるシングルマザーの就労・生活調査（毎月パネル調査）」の結果によれば[17]、会社の指示で休業・待機・出勤制限をした人は 2 割前後で推移、コロナ禍直前の 20 年 2 月前に比べ就労収入が減少した人の割合は 4 〜 5 割を占めました。20 年 10 月の就労収入（平均値、ゼロを除く）は「東京」15 万 3596 円、「東京以外」14 万 6746 円です。東京、東京以外ともに 7 月の平均金額を数千円下回っています。夫からの養育費がゼロの割合は東京 74 〜 78％、東京以外 65 〜 68％に上っています。

　こうした状況のため、経済的理由で家族が必要とするものを買えないことはしばしばありました。その具体的品目は「子どもの服や靴」が最も多く（65 〜 70％）、食料（肉や魚）は 45 〜 55％、米などの主食は 30 〜 35％でした。コロナ禍のシングルマザーの家計は危機的でした。

物価高騰の影響の深刻さ

　2022 年夏以降の食品やガソリン、電気料金などの値上げラッシュはコロナ禍で痛んだ国民生活にさらに大きな困難をもたらしています。帝国データバンクが主要食品メーカーに対して行った価格改定調査によれば、22 年 10 月に 6700 品目も値上げされました。22 年 1 月から 9 月までに 1 万 3066 品目の価格が上昇したので、10 月の価格改定と合わせ、22 年末までに 2 万 665 品目が値上げされました。図 1-3-1 が示すように、22 年の消費者物価指数（総合）の上昇率は異常です。23 年以降も値上げはとど

---

[17] 「シングルマザー調査プロジェクトパネル調査（8 月〜 11 月）の集計結果」（2020 年 12 月 4 日）https://note.com/single_mama_pj/n/n66a68fe028be（アクセス日時：21 年 2 月 11 日）。なお、このパネル調査の回答者数は 20 年 8 月 453 人、9 月 484 人、10 月 477 人、11 月 369 人です。

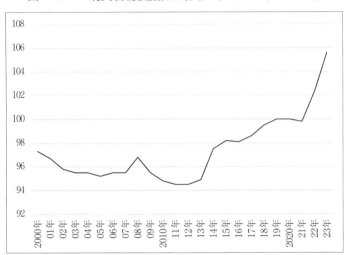

図 1-3-1　消費者物価指数の推移（2020年＝100）

（出所）総務省統計局「消費者物価指数」（長期時系列データ）より作成。

まるところを知らない状況です。

　23年7月18日放送のNHKクローズアップ現代は、物価高騰のなか、子どもに食べさせるため自分の食事を減らした結果、低栄養状態に陥ったY子さんの事例を取り上げていました。全国平均で食費の家計負担（2人世帯以上で試算）は2021年95.3万円から23年105.6万円へ、約10万円増える見込みです（三菱UFJコンサルティング調べ）。首都圏に住むY子さんは看護師をしながら3人の子どもを育てているシングルマザーですが、家賃や子どもの教育費などの固定費は削れないため、食費を下げることにし、食材も見直しました。シチューでは肉のかわりにウィンナーソーセージにし、コーンでかさましをするなどをしました。自分の食べる分を減らして子どもたちに回したといいます。この生活を1〜2か月続けた頃、Y子さんの体調に異変が生じました。医師から栄養不足による貧血と診断されたのです。

　困窮世帯の子どもを支援するNPO法人キッズドアが23年5月末から

6月初めにかけて、キッズドア・ファミリーサポートに登録した世帯を対象に実施した緊急アンケート（回答数1538件）によれば、物価高騰の家計への影響については6割が「コロナ禍以上に厳しい」と答えています。自由記述欄には母親からの悲痛な声がならんでいます。

「コロナは一過性のものだと思っていましたが物価高騰はこれからも続くと思うし、食費、電気代、ガス代、水道代すべてあがりましたが、給料はあがらず、もともと最低限で暮らしていたのでこれ以上削るところもない……」

「コロナ禍の時より食品や光熱費の高騰で月に1万円以上の出費増で節約にも限界」

「今も暑いけどエアコン我慢しているので子どもがアセモまみれ」

「電気代のためにパートを増やすしかないし、病院への通院や薬も減らすしかない」などなど。

この緊急アンケートによれば、家族全員の1か月の食費は2人世帯で2万円未満が42％、3人世帯で3万円未満53％です。1人あたりにすれば食費が月1万円以下、1食あたり110円以下の家庭が4割です。一方「全国家計構造調査」（2019年）によれば、平均的な1か月の食費は母子世帯（子ども2人）で月5万5425円（1食あたり205円）でした。今回の物価高騰が食費にしわよせし、しかも食材も高騰しているため食事内容がより貧しくなっていることが懸念されます。子どもの成長にとっても大きなマイナスになっていることは明らかです。

「物価高騰により、食料の質を落とすしかなく、育ち盛りの子どもにも栄養不足を感じます。学校の健康診断でも、子どもは痩せすぎで注意を受けましたが、どうしようもない状態です。」

「平日の夜ごはんは週に1回から2回は納豆だけ、ふりかけだけの食事がある。子どもたちは文句も言わずに理解しているので助かるが、やはり成長期なので子どもたちには申し訳ない気持ちでいっぱい。」

「子どもが不登校になりました。もっと向き合ってやらないと思いつつ

も、自分もフルタイムで仕事をするのが精一杯で、いつも見て見ぬふりをしています。フルタイムで働いても月に13万円程度しか稼げません。せめてフルタイムで働けば普通に生活できる世の中になってほしいです。」

物価高騰にもかかわらず、アンケート回答者のなかでは賃上げがない人が大半で、1538人のうち85％に上っています。賃金引き上げはまったなしです。

（２）賃金の底上げの重要性

厚生労働省「国民生活基礎調査」（2019年）によれば、「児童のいる世帯」の稼働所得が686.8万円に対し、母子世帯は231.1万円にとどまっています。前者の33.6％です。同省の「全国ひとり親世帯等調査」（2021年度）でも母子世帯の就労による平均年間収入は236万円でした。こちらの調査では就業者の半数近く（48.8％）が正規職に従事しているのですが、賃金は依然低いままです。勤務先が100人未満の小零細企業が多い（46.8％）ことと関わっていると考えられます。

同調査によればパート・アルバイトなどの非正規雇用従事者は38.8％です。この調査は母親の帰宅時間帯も尋ねています。就業時間と子育ての両立を考えてのことでしょう。「午後6〜8時」に帰宅する母親が43.8％と最も多く、「午後6時以前」の36.6％がこれに続いています。他方、午後8時以降になる母親は1割近く、「深夜・早朝」と答えた人も1.9％います。

このなかには副業従事者、つまりダブルワークをしている母親が多く含まれると考えられます。現在副業をしている人は回答者の7.2％でした。その職種はサービス職が最も多く、副業従事者の27.6％を占め、専門的・技術的職業（13.0％）がこれに続いています。副業に従事する目的の多くは収入を増やすためと考えられますが、本業と合わせた就労時間はかなりの長時間に及ぶでしょう。母親の健康への影響が気がかりです。先のキッズドアのアンケート回答にあった「せめてフルタイムで働けば普通に生活

できる世の中になってほしい」という声は多くのひとり親の女性に共通しています。

　正規労働者でも時間当たり賃金が1500円未満の人が少なくありません。厚生労働省の「賃金構造基本統計調査」(2023年)をもとに試算すると、正規労働者(男女計)の約3割が所定内賃金の時間額は1500円に達しません。とくに女性では45％に上ります。「すぐにも最賃を1500円以上に」という要求は、パート・アルバイトなど非正規雇用の要求にとどまらず、正規労働者を含む全労働者の要求と言えるでしょう。

(3) 公的給付金、生活保護制度の役割

　このようにコロナ禍は低所得層、女性非正規労働者、とりわけシングルマザーをより厳しい状態に追いやりました。緊急事態宣言が発令された2020年4月の生活保護申請件数は前年同月比で24.8％増となりましたが、4月～8月の申請は前年水準を下回りました。これには政府による全世帯を対象とした「特別定額給付金」(1人当たり10万円)の支給や、家賃補助にあたる「住居確保給付金」(原則3か月、最長9か月)と、社会福祉協議会が窓口になる無利子・保証人不要の「特例貸し付け」などで一息つけたという事情があると推察されます。

　特別定額給付金はとりわけ困窮した世帯にとって重要な支えとなりました。この給付金をめぐっては異論がありましたが、世論に後押しされた公的支援を求める運動はそれを許しませんでした。この間の経験は、命を支えるうえで現金給付を含む福祉国家的施策の大切さを示しています。

　生活保護受給件数は20年10月以降増加に転じたのですが、生活困窮者の拡大の現状に比べ、極めて少ない状態がしばらく続きました。生活保護申請者に対して、社会福祉事務所の窓口で前述の特例貸し付けを利用するように誘導が行われたとの報告もあります。

　コロナ禍以前から生活保護の受給要件を満たしているにもかかわらず、

実際に受給している世帯の割合（捕捉率）は2割を下回っています。根強い生活保護バッシングやスティグマの拡大に加えて、生活保護申請時に親族などに対する行政機関による生活援助の可否を問う「扶養照会」が生保の申請を抑制させる要因となっています。「扶養照会」の撤廃を求める反貧困運動の諸団体や野党の要求もあって、参議院予算委員会（2021年1月28日）において厚生労働大臣は「扶養照会には法的義務はない」と明言しました。生活再建への手がかりが奪われた状態になった後に生活保護制度を適用するのではなく、もっと利用しやすいものに変える必要があります。名称も例えば「最低生活保障制度」に改めてはどうでしょうか。

Ⅳ 現代的貧困としての過労死

（1）働き過ぎにたおれた人びと

　2015年の年の瀬が迫ったクリスマスの朝、電通の新入社員だった高橋まつりさんは社員寮で自死しました。大学生の就職希望ランキングのトップ企業、電通で起こったこともあって世間の大きな注目を浴びました。電通は90年代にも若手社員の過労自殺事件を起こしています。この事件では会社の責任を追及した遺族の粘り強い闘いもあって、企業には労働者を安全に働かせる義務があることを明確にした最高裁判決（1999年）が出されています。その電通でまたも同様の過労自殺が発生したため、衝撃はきわめて大きく若者を働き過ぎで死なせてはならないという世論が高まりました。企業としての電通および元上司が労働基準法違反で書類送検され、17年10月東京簡易裁判所で電通に対し罰金50万円の判決が出されました。上司は不起訴処分となりました。これより先、当時の社長は引責辞任

に追い込まれています。

しかし、全国で過労死事件はその後もなくなってはいません。それどころか働き過ぎによって引き起こされる精神障害は増加し、労災補償を求めるケースも増え続けています。

1　教員の場合

2023年7月5日、富山地裁で富山県滑川市立中学校校教員の過労死事件の判決が下されました。すでに公務災害として認定を受けていたのですが、遺族が安全配慮義務を怠った市と県の責任を問い、損害賠償を求めたもので、原告の全面勝訴でした。亡くなったのは40代の男性教員です。16年7月、3日間の保護者懇談会を終えた翌日に倒れ、くも膜下出血のため翌月亡くなりました。妊娠中の妻と2歳の子どもが残されました。亡くなる前、53日間で休みはたった1日だけ、中学3年生の担任の他に、ソフトテニス部の顧問として土日は大会や練習に付き添い、休むことはありませんでした。

教員の過労死事件はこれまでも多く発生していました。2007年には神奈川県の中学校教員・工藤さんが40歳の若さで修学旅行の直後にくも膜下出血で亡くなっています。生徒指導専任と学年主任を兼務する激務が続いていました。

18年6月には福井市立小学校で教員の出退勤の記録に際して、教頭が勤務時間を改ざんしていたことが明るみにでました。100時間超えの残業を過少申告したというのです。長時間労働の教員がいると教頭の管理能力が問われることを懸念したものと考えられます。こうしたデータ改ざんは氷山の一角だとも言われています。

教員の働きすぎ

いま、教員の働き過ぎが大きな社会問題となっています。学校が「ブラック職場」の烙印をおされ、教員志望者は年々減る一方です。大分県で

は受験者数の減少によって23年度の教員採用で定員割れが生じたといいます（「朝日新聞」2023年1月20日付）。必要な教員数を満たせず、教科の免許のない教頭が担任の代わりに授業をしている事例もあるといいます。なぜこのようなことになったのでしょうか。

　ひとことで言うと、教員の人数にたいして業務量が多すぎることが最大の要因です。日本では1クラスあたりの児童・生徒の定員が40人という状態が長く続いてきましたが、35人学級を求める世論の高まりを背景として、公立小学校の1クラスの定員を35人とする法律が2021年に成立しました。段階的に6年生まで35人に移行しますが、中学校は40人のままです。これに対し、他のOECD諸国の1クラス定員は20人程度と日本の半分ほどです。

　教員の長時間労働をもたらしている大きな要因の一つに部活の指導があります。ひとりの教員が二つの部活の顧問をかけもちしているケースはざらで、毎年4月にはそのような割り振りが行われており、教員はこれを拒否できない状態になっています。ところが、日本の法制度上は教員の部活指導はボランティア（教員の自主活動）という位置づけになっています。このため部活指導のため長時間労働になったあげく亡くなる事件が起こっても、学校や教育委員会は「部活指導は教員の自由裁量にゆだねている」として、責任を回避してきました。最近は部活指導を外部の専門コーチや地域のスポーツクラブにゆだねる方針にかわりつつあります。

　公立学校教員は労働基準法の労働時間管理の対象から除外するという重大な問題があります。給与総額の4％の「教職調整額」を加算することで時間外勤務手当や休日勤務手当の支払い義務を免除する法律[18]が定められた結果、給与の4％の加算分を支給するだけで、あとは何時間働こうが（働かせようが）残業代は支払われないという、文字通り「定額働かせ放題」が野放しになっています。私立学校については労働基準法が適用され

---

[18] 公立の義務教育諸学校等の教育職員の給与等に関する特別措置法（給特法、1972年施行）。

るため、このようなことは違法です。

　近年になって教員の働き過ぎ（過剰労働）が社会問題となるなかで、ようやく時間管理が実施されるようになりましたが、冒頭で紹介した労働時間の改ざんという事例のように、実態を明らかにして教員の働き過ぎをなくすという本来の目的からはずれた行為が見られます。公立学校の教員や公務員についても、労働基準監督署による独立したチェック体制が不可欠ではないでしょうか。

　ブラックな職場となった学校の実態があちこちで指摘されるようになり、教員志願者が急減する事態にあわてた政府は教員の労働条件改善に乗り出すかのように見えましたが、抜本的対策にはほど遠い内容です。2024年5月、中央教育審議会（中教審）特別部会が示した「審議のまとめ」は、「教職調整額」を基本給の4％から10％以上に増額するというものです。労働時間管理をきちんと行い、労働実態に応じて時間外勤務手当や休日勤務手当を支払うという当たり前のことからかけ離れた内容です。こうした姑息な弥縫策になったのはもっぱら財政上の理由からです。軍事費に大盤振舞いするしわ寄せが教育にも押しつけられています。

2　病院勤務医の場合

　病院に勤務する医師も教員と同様に、あるいはそれ以上にすさまじい長時間連続労働、深夜労働を強いられています。

　2022年5月、神戸市の病院で働いていた26歳の研修医・高島晨伍さんは長時間労働が続いたあげく、うつ病を発症し、自死しました。翌年6月に西宮労働基準監督署が労災認定したうえ、院長らを労働基準法違反容疑で書類送検しています。労基署によれば死亡するまでの1か月の時間外労働は207時間50分、過労死ラインである月間80時間の2.5倍に達していました。しかも自死するまでに100日間連続で休みなく働いていたといいます。

　勤務先の甲南医療センター（神戸市）は23年8月になってこの事件を

図 1-4-1　病院勤務医（正規雇用）の労働時間はいかに長いか

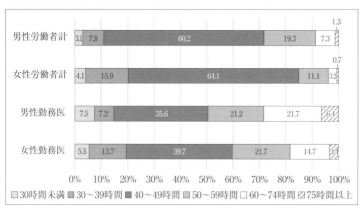

（注）年間 200 日以上就労者を表示。
（出所）「就業構造基本調査」2022 年、第 34 表より作成。

公表、マスコミがいっせいに報じました。記者会見した院長は、長時間労働を指揮命令したことを否定し、「本人の自主性による自己研鑽」、「自己研鑽というものがこの職業とコインの表裏のようについている」と発言したため、大きな批判を呼ぶこととなりました。同センターの元医師や職員は「患者さんの診療にあたる時間が時間外労働の中のほとんど」、「学会発表は指導医（上司）の指示によるもの」、「時間外労働を過少に申告するよう暗に指示があった」などと証言しています。高島さんが自死する 1 か月ほど前に母親あてに送ったメールには「せなあかんことおおすぎてしにそう　ざつようばかり」「もうたおれる」「ほんまに一回休養せな全て壊れるかもしらん」と書かれていました[19]。

大学病院をはじめ、日本の医療機関において研修医は日常的に診療体制に組み込まれており、研修医の存在なしに病院の診療は円滑に進まないような仕組みになっています。1998 年に発生した関西医大の研修医の過労死事件で最高裁は研修医も医療行為を行っており労働者であるとの判決を

---

[19] 甲南医療センター過労自死事件については MBS テレビ「特命取材班スクープ」（2023 年 9 月 13 日放送）を参照しました。

下しています。研修は「自己研鑽」だから業務命令によるものではないという論法は否定されています。

病院勤務医の長時間労働

　図 1-4-1 は病院勤務医（正規雇用）の週労働時間を正規労働者全体と比較したものです（2022 年）。週 60 時間以上の労働は過労死ライン超えですが、男性勤務医の 28.2％、女性勤務医では 18.1％がこれにあてはまります。正規雇用労働者全体のなかで過労死ライン超えは男性 8.6％、女性 3.8％でした。長時間労働に従事する勤務医がいかに多いか一目瞭然です。

　図示していませんが、年間の就労日数も正規雇用の勤務医できわだっています。年に 300 日以上働く労働者は男性正規雇用全体のなかで 7.1％（男性 7.8％、女性 5.7％）ですが、男性勤務医は 32.3％、女性は 18.4％でした。1 年に 300 日以上働くということは週 1 日の休みだけで、年休も夏休みや正月休みもまったくないという働き方です。

　これらの数値は 2022 年 10 月に実施された「就業構造基本調査」（以下、「就調」と略称）をもとに算出したのですが、私は勤務医の労働時間はこれよりももっと長いのではないかと考えています。

　その理由の一つは勤務医は当直を必ずしも労働時間と考えていない可能性があることです。当直医は夜間の救急患者や重態化した入院患者への対応に従事しており、ほとんど休憩なしに翌日の通常勤務につかなければならないケースが多く、これが勤務医の長時間労働をもたらしている大きな要因です。労働基準法施行規則で当直中の業務は通常の診療行為ではない軽易なもののみで、睡眠がとれる設備が用意されており、労働基準監督署長の宿日直の許可を取っている場合は労働時間に算入しなくてよいとされ、手当も通常の賃金の 3 分の 1 を支払えばよいことになっています。病院の使用者はこの許可を取得することで、当直医の労働時間規制を免除されているのですが、こうしたことが勤務医自身の意識にも反映され、「就調」に回答する際に影響している可能性があります。

また研修医の多くは、学会報告の準備や研修時間について、先の院長の発言と同様に「自己研鑽」と考えて労働時間から除外して「就調」に回答していると考えられます。
　「就調」は全国の調査区のなかから無作為抽出された50万余の世帯の15歳以上の世帯員およそ100万人余が対象で、本人が回答することとなっていますが、過労死するほど長時間働いている勤務医が調査対象になった場合、この調査に回答する余裕がある人はどのくらいいるでしょうか。つまり長時間労働する人ほど「就調」結果から漏れている可能性があるのです。

医師の長時間・過重労働の要因
　以上のような医師の長時間労働をもたらしている要因について、全国医師ユニオン代表の植山直人氏は次の3点を指摘しています（植山 2021：84頁）[20]。
　①医師を労働者とみなさず聖職者と考える医療界の意識の問題
　②厚労省が適切な医師養成を行わなかったこと、また労働基準監督署が病院に臨検で入っても医師の労働時間を正確に把握せず適切な勧告や指導を行ってこなかったこと
　③勤務医が労働組合を組織するなどしてみずから闘ってこなかったこと

　これまでも医師の働き過ぎは大きな社会問題となってきましたが、政府は事実上、黙認してきました。安倍政権下の「働き方改革」のなかでも勤務医を特別扱いし、長時間労働の規制を2024年度まで遅らせる措置をとりました。しかも勤務医の休日・時間外労働の上限を原則年間960時間としたうえで、地域医療に貢献する病院などは特例として年1860時間とする厚生労働省令を決定しました。過労死ラインを超えて働いている勤務医

---

[20] 全国医師ユニオンは2009年に結成された病院の勤務医で組織する個人加盟の労働組合です。

の現状を容認する「働き方改革」の方針に対し、過労死家族の会や過労死弁護団、労働組合などから厳しい批判が起こりました。

　この「働き方改革関連法」（改正労働基準法）は 2024 年 4 月に、ようやく医師やドライバーなどにも適用されましたが、「日本経済新聞」などの調査では病院勤務医の 24％が新規制が「守られていない」と回答しています。また 78％は「1 年前と比べ労働時間が変わらない」とのことです。とりわけ 400 床以上の大病院の医師ほど長時間労働の割合が特に高くなっています（「日本経済新聞」2024 年 9 月 3 日付）。

　医師の長時間労働は医療事故につながるおそれもあり、医師の働き過ぎの解消は全国民的課題です。医師の長時間労働の直接的要因に医師不足がありますが、その背景をたどれば自公政権の医療費抑制政策、さらにその先には軍事費拡大を優先する近年の国家財政の支出構造に行きつきます。教員不足問題もそうですが、小手先の対応ではなく、根源にまでさかのぼってメスを入れなければ事態の抜本的打開にならないと思います。

（2）過労死の現状

　過労死が社会問題となったのは 1980 年代以降です。（1）で見たように、40 年近く経過したいまも過労死（過労自殺を含む）はなくなる兆しは見えません。この間に、日本の雇用および働き方・働かせ方は大きく様相を変えてきました。このことが過労死を生み出す要因と重なっています。第 3 部で詳しく取り上げますが、雇用形態が大きく変化し、正社員は減少する一方、非正規雇用は著しく増加しました。特に、この変化は 90 年代後半以降、顕著にすすみました。非正規雇用比率は男女合計で 4 割近く、とくに女性ではおよそ 6 割にまで上昇しました。

　図 1-4-2 は横軸に「労働時間や働き方の安全・ゆとり、企業に対する拘束性の度合い」を、縦軸には「雇用の安定、賃金・所得水準」を取り、この 2 次元の座標面で働き方・働かせ方の問題点を浮かびあがらせるため

図 1-4-2 雇用と働き方・働かせ方の現状

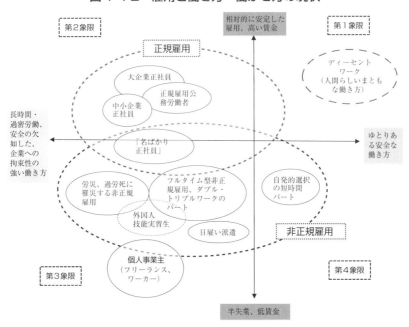

のモデル図です。この図の詳細は伍賀（2014）第 1 章を参照ください。

　今日の日本の雇用と働き方・働かせ方の特徴は、非正規雇用を中心に図の第 3 象限の世界が広がっていることです。ここでは雇用が不安定で賃金も低く、しかも労働時間や安全面でもリスクのある働き方を強いられています。1990 年代後半から今日までの 30 年近くにわたって、第 3 象限に位置する労働者が多様な形態をとりながら増加しています。とくに日系人や技能実習生などの外国人労働者は、ディーセント・ワークの対極である第 3 象限の下方かつ左方に位置する働き方をしています。この第 3 象限のなかには第 2 部で取り上げる「現代の相対的過剰人口」とみなすべき人びとが含まれています。

　第 3 象限の労働の増加に引きずられるように正規雇用の長時間労働がすすみ、名ばかり正社員が増えるなど、正規雇用であっても第 1 象限の

Ⅳ 現代的貧困としての過労死

図1-4-3 過労死など労災請求件数の推移

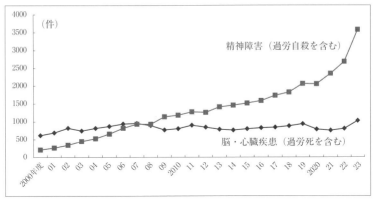

（出所）厚生労働省「過労死等の労災補償状況」より作成。

ディーセント・ワーク（ILOが提唱する人間の尊厳にふさわしい、まともな働き方）から次第に遠ざかる人びとが目立つようになりました。こうして日本は「労働力使い捨て社会」としての性格を色濃く帯びるようになりました[21]。この点については第3部Ⅵでもう一度ふれたいと思います。

働きすぎが原因で命を落としたり、精神障害に罹患するという事態は欧米でも生じているのですが、日本はきわだっています。それゆえ、KAROSHIがオックスフォード英語辞典に載るほどです[22]。図1-4-3は脳・心臓疾患および精神障害の労災請求件数の推移を示しています。原資料は厚生労働省の「過労死等の労災補償状況」です。脳・心臓疾患の請求件数はコロナ禍で減少したのですが、精神障害（過労自殺を含む）の請求件数はうなぎのぼりに増えています。労働基準監督署に対して過労死の認定、つまり労災補償の支給を求めて請求しても認定のハードルは高く、2023年度の認定率は脳・心臓疾患の場合で32.4％、精神障害は34.2％、うち自殺に限れば46.5％でした[23]。

---

[21] 「労働力使い捨て社会」の詳細については伍賀（2014）第1章を参照ください。
[22] https://www.oed.com/search/dictionary/?scope=Entries&q=karoshi をご覧下さい。

図 1-4-4　雇用形態別・年間労働時間の推移

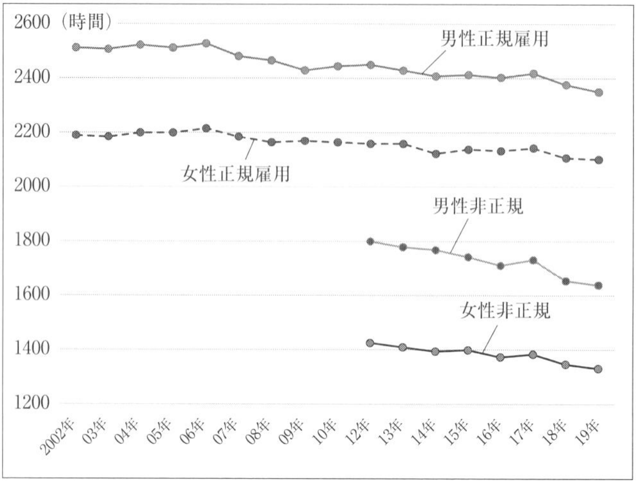

(出所) 2002年〜10年：「労働力調査（詳細集計）」報告書非掲載表、第6表。パート・アルバイト、派遣労働者など各雇用形態別の数値は掲載されているが、「非正規雇用」合計のデータがない。/2013年〜19年：「労働力調査（詳細集計）」第Ⅱ-9表より作成。2011年は東日本大震災のため「労働力調査」が実施されていない。

　2024年度の過労死防止学会（同年8月31日オンライン開催）における過労死弁護団の川人博弁護士の報告によれば、働き方改革関連法の施行以降、脳・心臓疾患や精神障害の労災補償をめぐる事案で、労働基準行政はこれまで労働時間としてカウントしていた業務を労働時間から除外する傾向が強まっているとのことです。過労死の労災認定を後退させる動きに対して警戒が必要です。

---

[23] 労災補償の請求を行っても業務上または業務外の決定には時間がかかります。認定率とは決定がなされた件数に対する支給決定件数の割合です。このなかには過年度の請求分に対する認定も含まれています。

IV　現代的貧困としての過労死

（3）近年の労働時間の特徴

1　労働時間の動向

　次に、過労死や精神障害を引き起こす最大の要因である労働時間の動向について見ましょう。図1-4-4は2002年から19までの年間労働時間の推移を雇用形態別、男女別に示しています。2020年以降はコロナ禍で休業を余儀なくされた企業や労働者が多数生じ、労働時間統計もその影響を受けているため、さしあたり除外しました。この図は「労調」をもとにしており、労働者本人が回答した労働時間です。したがって、実際に働いた労働時間、つまりサービス残業も含まれていると考えてよいでしょう。

　この図によれば労働時間は徐々に短くはなっていますが、それでも男性は年間2300時間を超えています。女性でも2100時間を上回っています。19年時点の男女の差は250時間ですが、女性の多くに家事・育児、さらに介護などが集中している現実を考えれば、女性の方が男性よりもゆとりがあるとは到底言えません。

　1990年代に政府は「年間1800時間の早期実現」を時短政策の目標に掲げ、92年に時短促進法を制定したのですが[24]、30年以上が経過したいまも、正規労働者については1800時間を大幅に超過しています。

　非正規雇用の労働時間は、図1-4-4のとおり正規雇用よりも短いのですが、ヨーロッパ主要国の労働者全体の平均労働時間と同じくらいです。データは省きますが、男性非正規についてはイギリスの労働者と同程度、女性非正規でもドイツを上回り、フランスの労働時間に匹敵します。

　ところで図1-4-4の労働時間は正規雇用、非正規雇用それぞれの平均値です。実際はこれよりもはるかに長時間働いている人がたくさんいます。「就調」（2022年）をもとに、過労死ラインに相当する週60時間以上働く

---

[24]　時短促進法は期間を限った臨時措置法でしたが、全労働者を対象とした年間労働1800時間という目標は達成されないまま2006年に改正され「労働時間等の設定の改善に関する特別措置法」になりました。

男性正規雇用の比率を職種別に見ると、トップは自動車運転従事者（31.0％）で、これに医師（28.2％）、教員（24.5％）、飲食物調理従事者（21.1％）、美容師・理容師などの生活衛生サービス職業従事者（20.7％）が続いています。

　このような長時間労働をもたらしている要因はいくつも重なっています。飲食店、宿泊業、小売業など消費関連サービス部門では厳しい低価格競争が繰り広げられています。運送業界では、90年代以降の規制緩和政策によって、参入業者が増加し、運送料の引き下げが急速に進みました。発注元である荷主が低価格運賃を要求し、運送会社はそれに応えるため、労働条件を引き下げざるをえなくなりました。規制緩和政策のしわ寄せは労働者に集中しました。これは労働者の過労死だけでなく、深刻な交通事故を引き起こしています。高速道路でのトラックの追突事故の多くはそうした働かせ方の問題があることは周知のとおりです。

　しかし、これらの統計数値だけからはそれぞれの働き方の具体的姿は伝わってきません。単に労働時間が長いというだけにとどまらず、パワハラを受けたり、顧客からの無理難題の要求に四苦八苦する。上司から、終業時直前に明日のプレゼン資料の変更を求められ、徹夜して図表を修正しなければならない。翌朝の指定時刻までに積荷を依頼主のもとに届けなければならず、眠くてもトラックを止めて休憩できない、などなど。長時間労働の数値の裏にはそうした労働者の心身の苦悩がつまっています。長時間労働にストレスも加わるとはそういう苦悩の集積にほかなりません。電通の高橋まつりさんや研修医の高島晨伍さんの過労自死はそれを象徴しています。彼や彼女と同じような働き方をしている人たちは日本の職場のあちこちに数多くいるのではないでしょうか。統計数字の裏に隠れている就労の実態を掘り起こす必要があります。

2　裁量労働制、みなし労働時間制と実労働時間、過労死のリスク

　正社員の労働時間を長くしている要因の一つとして、裁量労働制やみな

し労働時間制があります。これに関して、かなり古い資料ですが、労働政策研究・研修機構（JILPT）の小倉一哉氏が、2005年に正社員を対象に調査した貴重な研究があります。2005年6月1か月間の総労働時間を勤務時間制度別に見た調査です。月間労働時間が240〜300時間、月間の時間外労働で見れば80時間〜100時間の過労死ラインをはるかに超える働き方をしている正社員は、「通常の勤務制度」の労働者では16.9％ですが、「裁量労働制やみなし時間制」の労働者の場合は、32.4％と高い比率でした。さらに「時間管理なし」の人、これは管理監督者と思われますが、この人たちの割合は37.5％とさらに大きくなっています（小倉2011：表4-4）。

　2018年の通常国会に政府は裁量労働制を営業職にまで拡大する働き方改革関連法案[25]を提出しましたが、「毎月勤労統計調査」の不正が発覚したため、裁量労働制の適用拡大については法案から削除しました。政府や日本経団連はいったんは頓挫した裁量労働制を営業職にまで拡大する労働基準法の改正を再び持ち出そうとしていますが、これらは過労死防止に逆行する施策と言わざるをえません。

3　所定外労働（残業、休日労働）を必要とする要因

　過労死や精神障害をもたらす要因として、長時間労働による睡眠時間の減少が指摘されています。では、労働時間、とくに残業時間が長くなるのはなぜでしょうか。

　厚労省が2015年度に実施した「過労死等に関する実態把握のための社会面の調査」によれば、残業が必要となる理由として企業が回答したトップは産業全体で見れば、「顧客（消費者）からの不規則な要望に対応する必要があるため」（44.5％）でした。特に情報通信業では65.0％、建設業は59.8％に上っています。2位は「業務量が多いため」（43.3％）です。これ

---

[25] 2018年に成立した働き方改革関連法案は労働基準法、雇用対策法、パート労働法、労働者派遣法などの改正を含む一括法案です。当初、裁量労働制の適用拡大は労働基準法改正法案に含まれていました。

に「仕事の繁閑の差が大きいため」(39.6%)、「人員が不足しているため」(30.6%) が続いています。これらの要因を除去しないと長時間残業を抜本的に解消することは難しいでしょう。労働時間問題は業務量と人員の問題と切り離して議論できないことを強調したいと思います。

(4) ストレスの強い働き方

　過労がもたらす脳・心臓疾患や精神障害（以下、過労死等）は長時間労働、つまり労働の量的側面だけによって生ずるわけではありません。深夜労働、交替制、不規則勤務など、働き方の形態やパワハラ・セクハラなど労働環境によっても強い影響を受けます。過労死等はこうした働き方の質的側面と、長時間労働という労働の量的側面の両方の要因に規定されています。図1-4-5はそれを模式化したものです。過労死のリスクは両者の積によると考えてよいでしょう。

図1-4-5　働き方の量的・質的面から見た過労死等のリスク

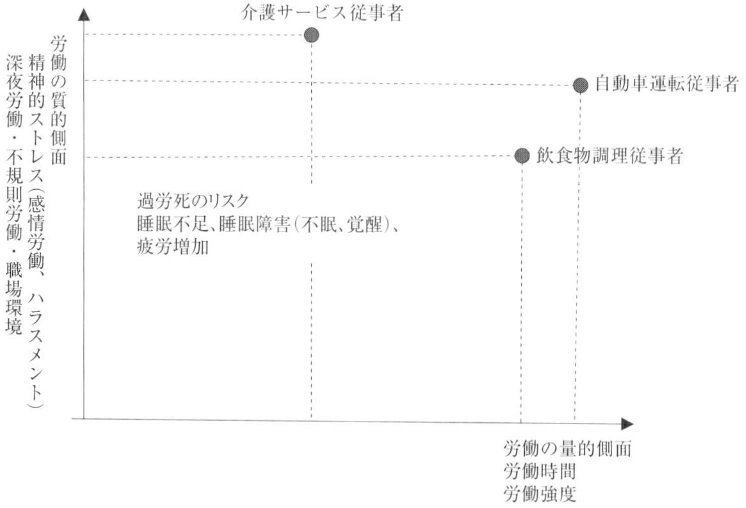

縦軸：労働の質的側面　精神的ストレス（感情労働、ハラスメント）深夜労働・不規則労働・職場環境

横軸：労働の量的側面　労働時間　労働強度

- 介護サービス従事者
- 自動車運転従事者
- 飲食物調理従事者

過労死のリスク
睡眠不足、睡眠障害（不眠、覚醒）、疲労増加

Ⅳ　現代的貧困としての過労死

　たとえば、介護労働者のなかで精神障害の労災請求件数が近年増加していますが、労働時間だけを見ればそれほど長時間労働というわけではありません。さきほど述べた働き方の質的側面によるストレスが強く作用しています。ここでは深夜労働についてだけ触れておきます。

1　深夜労働、不規則労働

　まず深夜労働についてです。みなさんが日々経験されているとおり、経済活動のグローバル化、情報化の進展によって、仕事がどこまでもおいかけてくるという状態になりました。帰宅してからもパソコンやスマホでメールをチェックするのが当たり前です。製造業でも深夜操業が珍しくありません。郵便事業の職場では真夜中に郵便仕分け作業が行われており、職場では「フカヤキン」と呼ばれていました。これらに引きずられる形でコンビニやスーパーなどにも深夜営業は広がり、24時間営業がいまでは当たり前になりました。

　さらに、医療・介護分野では、夕方から翌朝までの16時間連続労働も広がっています。日勤と夜勤を繰り返す不規則労働のため、睡眠が正常に取れないなどのストレスをかかえています。これも過労死等を引き起こす要因となっています。

2　対人サービス労働

　第二に、対人サービスの仕事に固有のストレスについて触れたいと思います。介護労働や教員の労働の大半が利用者や児童・生徒およびその家族・保護者を相手とする対人サービスの仕事です。そこではいわゆる「感情労働」が多くを占めています。この感情労働の場面では、「自分の個人的感情を切り離し、まったく正反対の感情を自分のなかに引き起こすように、努力しなければならないこともある」と言います。旅客機の客室乗務員の人たちの「笑顔」はこうした努力の成果なのです。

　介護の現場や学校では、何らかのトラブルが生じた場合、理不尽な要求

をする利用者の家族や生徒の保護者を相手に、自分の気持ちを抑えて冷静に対応することを求められることは日常茶飯事となっています。いわゆるカスタマーハラスメント（カスハラ）への対応です。これに長時間労働が加わると身体的・精神的負担は何倍にも増幅されるでしょう。

　また、介護の職場では利用者や家族によるハラスメントも相当数にのぼっており（三菱総合研究所 2019）、日常化している強度のストレスは離職率を高める要因ともなっています。残った職員の負担を増やし、精神障害を引き起こすことにつながります。

　さきほど触れた「感情労働」という働き方は、教員や介護労働者に限らず、営業職やコールセンターの顧客窓口などを含め、程度の差はあれ、大半の仕事に広がっています。自分の感情と正反対のことをあたかも自分の本当の気持ちのように演じなければならず、そのストレスは並大抵ではないでしょう（武井 2009、仲村 2015）。

（5）過労死の認定基準の改正

　厚生労働省は 2021 年 9 月に過労死（脳・心臓疾患）の認定基準を改正しました。これは、働き方の環境変化にともなう労働負荷を考慮する必要性があると判断したからです。この労働環境の変化のなかには図 1-4-5 の労働の質的側面が含まれています。

　従来の認定基準はもっぱら労働時間、つまり労働の量的側面によっていました。「脳・心臓疾患の発症前 1 か月の時間外労働が 100 時間を超えていること、または 2〜6 か月平均の時間外労働が 80 時間を超えていること」としていましたが、新基準ではこの労働時間基準は維持しつつも、これに満たない場合であっても労働時間以外の負荷を含めて総合評価することになりました。これは厚労省が従来の基準に沿って過労死として認定しなかったケースについて、裁判所が労働時間以外の負荷を含めて業務に起因するものと認める判断をするようになったことを反映しています。

IV 現代的貧困としての過労死

「労働時間以外の負荷要因」として、これまでも拘束時間が長い勤務や出張の多い業務などをあげていましたが、改正された認定基準では、勤務間インターバルが短い勤務や、身体的負荷を伴う業務なども追加しました。これによって、従来の基準では過労死として認定されなかったケースが認定されるようになりました。NHK 総合テレビ「クローズアップ現代」が取り上げた例を見ましょう（2024 年 4 月 10 日放送）。

2000 年に食品製造工場で勤務中に倒れて、救急搬送された後死亡した 71 歳の男性のケースです。亡くなる 1 か月前の時間外労働は 70 時間だったため、当初、労働基準監督署は労働災害（過労死）として認めませんでした。しかし、遺族側が発症前に男性が働いていた職場の労働環境を調べたところ、熱中症のリスクが最も高い状態だったことが判明、労働保険審査会は強い身体的負荷があったと認め、労基署の判定を覆して、過労死として認定しました。

（6）雇用形態の変化と過労死

さきほど、過去 30 年間で正規雇用は減少する一方、非正規雇用が大幅に増加したと記しました。こうした雇用の変化は正社員の働き方に影響をもたらし、過労死の増加の要因となっています。図 1-4-2 を用いて示せば、非正規雇用が拡大すると、正規労働者の位置は左の方に、つまり長時間労働やストレスが強まる方向に移動し、ディーセント・ワークから遠ざかる関係にあると言えるでしょう。この意味で、過労死のリスクのある働き方とワーキングプアが併存しているのです。

非正規雇用の増加と正社員の長時間労働との関連について、①職場のなかで非正規雇用が増えると、正社員に責任が集中する、②非正規労働者の離職が頻繁な場合、新人のパートやアルバイトに仕事の手順を一から教えなければならないことなどの負担が増す、③非正規労働者が急に欠勤した場合、正社員が代替要員としてシフトに入ることが増えるため、長時間労

働を余儀なくされる、などが指摘されています。こうした結果、非正規雇用比率が特に高い職場では、正社員の過重労働を増すことになると言えるでしょう。

　もっともアルバイト学生に調理など仕事の手順を一切教えないで、すぐに一人だけで店舗に立たせて（いわゆるワンオペ）、牛丼をつくらせるという乱暴なやり方をする牛丼チェーンの事例がSNSに投稿されたこともありました。

　とりわけ、相対的に労働時間の短いアルバイトのような非正規雇用が多数就労している業種では、シフト管理など正社員の負担が増しています。一方でその管理業務さえもパートやアルバイトにゆだねる事業所も増えています。飲食サービス業や、塾など教育・学習支援業、小売業でそうしたケースが珍しくありません。シフト管理の責任をアルバイト学生に担当させ、その責任を負わされた学生はバイト時間が増えて授業や就活に支障が出るという弊害も指摘されています。

V　外国人技能実習生の人権侵害、働き方の貧困

(1)「労働力使い捨て社会」と外国人労働者

　第1部の最後に外国人技能実習生について触れておきたいと思います。技能実習生の多くは低賃金、長時間労働に加え、受け入れ先企業の使用者による暴力やセクハラ、パスポートの取り上げなど、人権侵害が日常化しており、現代的貧困のなかでも最悪と言えます。国連の自由権規約委員会は技能実習制度が抱える負の側面に対し、繰り返し懸念を表明し、日本政府に改善を求めています。

V 外国人技能実習生の人権侵害、働き方の貧困

外国人研修・技能実習制度

　今から35年あまり前になりますが、1989年に改正された出入国管理及び難民認定法（入管法）施行により「研修」という在留資格が設けられ、外国人研修生が制度化されました。研修制度は名目上は海外進出した日本企業が進出先の労働者に対して日本国内で研修を行い、途上国への技術・技能の移転を支援するというものでした。ところが、政府は90年代初めに外国人研修制度の運用を弾力化し、「団体監理型」[26]という受け入れ方式を設けて、バブル経済下で人手不足に苦しむ中小零細企業も研修生を活用できる道を開きました。これにより、研修を行う体制が到底ないような小零細企業までも研修生を受け入れました。「研修生は労働者ではない」という名目で、労働法が適用されず、最低賃金をはるかに下回る研修手当で労働者を酷使する事例が相次ぎました。

　当初、研修期間は1年間でしたが、研修を終了した研修生に対し、実践的な技能の習熟を行うことを名目に、93年にさらに1年間の就労を認める技能実習制度が創設されました。97年に技能実習の期間が2年間に延長されたため、研修・技能実習生の滞在期間は合計3年間となりました。しかし、労働法の適用のない研修生に対する人権侵害や搾取を放置できなくなったため、2009年の入管法改正で技能実習生の在留資格が「研修」から、受け入れ企業との間で労働契約締結を前提とした「技能実習」に変更されました[27]。また、技能実習計画の策定や受け入れ企業に対する指導など監理団体の役割が明確化され、実習生の保護措置が図られたのですが、形骸化しているケースが多くありました。

　2017年の技能実習法（18年施行）を機に、人権侵害に対する禁止規定や罰則が設けられ、監理団体を届出制から許可制にしました。また外国人技

---

[26] 企業が単独で研修や実習をできないような場合、商工会や中小企業団体などが受け入れ機関となる方式のことです。

[27] 2009年入管法改正以降、在留資格の「研修」は国の機関やJICA（国際協力機構）などが実施する公的研修や実務作業を伴わない非実務のみの研修となりました。

能実習機構を新設し、監理団体や受け入れ企業への監督を強化しましたが（村上 2019）、技能実習制度が抱えている人権侵害を生み出す構造は除去されていません。

強制労働を生む構造

　「研修」という名目で現場作業に従事させる制度は禁止されましたが、技能実習制度は依然として大きな問題点を抱えています。実習生を受け入れる企業は技術・技能の移転による国際協力という制度の建前とは異なり、もっぱら低賃金労働力の確保を目的としているため、しばしば人権侵害や酷使が横行しています。実習生のほとんどは来日前に、母国の斡旋業者（ブローカー）や日本語学校などへの経費支払いのため多額の借金を抱えており、その返済資金を稼ぐまで帰国するわけにはいきません。できるだけ長時間働いて少しでも多くの収入を確保したいと望んでいます。違法な長時間労働や最低賃金に違反する低賃金、残業代の未払い、ハラスメントなど搾取的扱いなどが繰り返される場合であっても、技能実習法の規定により、技能実習計画に縛られ、みずからの意志で雇用主をかわることができません。強制労働を生みやすい構造を実習制度自体が有しているのです。外国人技能実習生は先の図 1-4-2 の第 3 象限の世界に縛りつけられています。

　厚生労働省「賃金構造基本統計調査」は 2019 年より外国人労働者の賃金についても調査するようになりました。技能実習生の所定内賃金（月額）の分布の中央値は 15 万 2700 円、これに対し一般労働者の「正社員・正職員以外」では 18 万 9800 円でした。その差は 3 万 7000 円です。23 年にはこの差は若干縮小しましたが、それでも 3 万 1000 円です。

　NHK 総合テレビ「ノーナレ・画面のむこうから」（2019 年 6 月 24 日放送）は愛媛県の縫製業者がベトナム人の女性技能実習生に奴隷的労働を強いていた事例を報じ、大きな反響を呼びました。業者が外国人技能実習機構に提出した技能実習計画には「婦人子供服製造」と記載されていたので

すが、実際の作業はタオルの縫製でした。業者は過大なノルマを課し、「できなければ帰国させる」と女性達を脅迫しつつ、朝7時から夜11時までわずかな休憩をはさんで1日15時間以上働かせていました。長時間の繰り返し作業によって手の指が変形した労働者もいます。残業時間は月間180時間に達したにもかかわらず、残業代は40時間分しか支払われていません。工場内に設けた寮の狭い部屋に多人数を住まわせ、寮費として1人当たり月3万円を徴収したのです。「絞りきったレモンのような状態」で働かされていた彼女たちの一部は支援者によって救いだされたのですが、工場に残った実習生の一人は仕事中に脳出血で倒れ意識不明に陥ったといいます。

大手企業も活用

　技能実習生はこのような地場産業の零細業者だけでなく、大手企業も活用しています。日立や三菱自動車、パナソニックなどで、技能実習計画と異なる作業をさせていたとして摘発されるケースが相次ぎました。三菱自動車は2008年から18年まで10年間にわたって実習生の不適正な受け入れを続けていました（「日本経済新聞」2019年1月26日付）。厚生労働省が19年8月に公表した技能実習生を利用する事業場に対する全国の労働基準監督署の監督指導状況によれば、監督対象7334件のうち5160件、7割の事業場で労働法違反がみつかりました。労働時間規制や最低賃金違反、残業代未払い、労働安全衛生規則違反などです。技能実習制度が労働力使い捨ての温床となっている実態を物語っています。

福島第一原発の除染・廃炉作業と実習生

　外国人技能実習生の大半は多額の借金を抱えて来日しており、少しでも賃金が高い仕事につくことを希望しています。日本人が忌避するような労働現場であっても高収入になるならば働きたいという外国人労働者は少なくありません。

技能実習生として2015年9月に来日したベトナム人の男性が実習先である岩手県の建設会社と契約した業務内容は「建設機械・解体・土木」でした。ところが、1か月間の研修の後、16年3月まで男性が従事させられたのは同社が請け負った福島県郡山市の住宅地などの除染活動でした。側溝の泥かきや、庭の除草をしたとのことです。さらに、16年3月以降は、避難指示が解除される前の福島県川俣町で被災した建物の解体などをしています。本人には被ばくのリスクがあることは隠したままでした。
　不安を抱いた男性は社長に訴えましたが、「怖いんだったらベトナムに帰れ」と言うだけでした。しかし、彼は来日費用として約160万円を負担しており、現地の銀行などに借金が100万円以上ありました。帰国するわけには到底いきません。建設会社は、こうした事情を知ったうえで、日本人が二の足を踏むような被ばく作業に就労させたのです。不安を抑えきれず17年11月に実習先から失踪し、支援者のもとで保護されました。男性は「除染活動と知っていたら来なかった」と言います（「日本経済新聞」電子版、2018年3月6日）。外国人実習生の弱みにつけ込んで危険な業務に就労させ、搾取する構造は技能実習制度に固有のものです。
　2019年4月の技能実習法の施行を機に、東電は「特定技能」の「建設」の資格で外国人労働者を福島第一原発の廃炉作業に活用する計画であることが報じられ（「朝日新聞」2019年4月18日付）、大きな問題となりました。当初、政府は容認する方針でしたが、ベトナムは自国の労働者が外国で働くことを禁じる地域として、紛争地域などとともに放射能汚染地域が明示されており、ベトナム駐日大使から廃炉作業への就労に懸念が示されたため、政府は慎重な対応を東電に求めた結果、東電はこの方針を見送ることとしました。
　現在のベトナムには原発がなく、廃炉作業技術の必要がないため、技能の移転という本来の技能実習の趣旨に合致しないものです。この問題もまた、日本人の多くが敬遠する仕事に途上国の外国人労働者を活用する点で、先の除染活動での技能実習生の利用と同様です。

Ⅴ　外国人技能実習生の人権侵害、働き方の貧困

（2）コロナ禍の外国人技能実習生の苦難、海外からの批判

　非正規労働者のなかでもとりわけ外国人技能実習生はコロナ禍によって受け入れ就労先の休業や倒産などで仕事を失い、寮からも追い出され、それこそ命の危機に直面する事態となりました。日本で暮らす技能実習生は2019年末の時点で41万人に達しましたが、コロナ禍で急減、21年には27.6万人にまで落ち込みました。23年6月末に35.8万人に回復しています。このうちベトナム人は約半数（18.6万人）を占め、最多です（法務省・厚生労働省2023）。法務省によると、コロナ禍による受け入れ先の倒産や解雇で仕事を失った技能実習生は2020年11月13日の時点で約4700人にのぼったといいます（「朝日新聞」2020年12月29日、31日付）。監理団体のなかには強制的に帰国させようとし、実習生が空港から逃げ出す事例もあったと報じられています。実習生としては母国の実家を担保に多額の借金をして仲介業者に渡航費用を支払っているため、実習先が閉鎖したからといって帰国することはできません。それでも先の実習生の減少を見ると、借金をかかえたまま帰国に追い込まれた外国人労働者が多数に上ったと考えられます。

国連やアメリカ政府も批判

　技能実習生への人権侵害（職場をかわる自由の欠如など）や、あいつぐ失踪という事態を受けて[28]、技能実習制度に対する批判が日本の内外で高まっています。海外でもこうした事態が報じられ、国連やアメリカ国務省も問題視してきました[29]。さすがに日本政府もこれらの批判を無視できな

---

[28]　2023年に技能実習中に失踪した外国人労働者は9753人で過去最多になりました（「日本経済新聞」電子版、2024年9月2日付）。
[29]　国連自由権規約委員会は「技能実習制度下で強制労働が存続しているとの報告を引き続き懸念する」と述べています（2022年12月）。またアメリカ国務省は「2022年人身取引報告書」（日本編）のなかで、「日本政府は人身取引撤廃のための最低基準を満たしていないが、そのための重要な努力を行っている」と記しています。その具体例として技能実習制度を指摘しています。

くなり、入管法と技能実習法を改正し、技能実習制度を廃止し、新たに「育成就労制度」を創設することとしました（2024年6月成立）。改正法の施行日は公布から3年以内です。この法改正は外国人労働者の人権重視を第一に考えたというよりも、日本の人手不足対策の性格を強く持っています。

＊＊＊＊＊＊＊＊＊＊

　第1部では「現代的貧困の諸相」として、①若者と高齢者に増えている不本意な働き方、②公務部門のワーキングプア（会計年度任用職員）、③女性、シングルマザーの貧困、④教員や医師などを事例に現代的貧困としての過労死、さらに、⑤使い捨て労働の最悪の形態としての外国人技能実習生問題を取り上げました。今日の貧困を考えるうえで、③はなじみやすいテーマですが、それ以外は従来の貧困論では取り上げてこなかったように思います。では、これらは貧困論の対象ではないのでしょうか。確かに、所得を基準にして考えれば、④の教員や医師は貧困とは言えないでしょう。しかし、自由にできる時間をどれだけ持っているかという視点から見ればどうでしょうか。過労自死した高橋まつりさんや高島晨伍さんは、時間を基準にすれば「貧しい働き方」を強いられていたのではないでしょうか。

　所得を基準にして貧困を論じることはもちろん重要ですが、それを貧困論のメインにおくことには私は賛成できません。今日の貧困を考える際には、少なくとも「所得、自由にできる時間、仕事の有無（失業）」の三つを基準にすべきと考えています。この点については、第2部で改めて取り上げたいと思います。

第2部　今日の貧困をとらえる視点

第1部では今日の貧困の具体像をいくつか取り上げました。みなさんの貧困のイメージとは少々異なるものだったかもわかりません。では、みなさんは貧困（貧乏）という言葉からどのようなイメージを描かれるでしょうか。「今の給料では毎月の暮らしのやりくりができない」という人にとってはそんなことを聞かれるまでもなく、自分は貧困状態にあると感じるでしょう。

　では、給料はそこそこあって、それほど不自由を感じないけれど、ともかく毎日仕事に追いまくられ、トイレも我慢しなければならないことが当たり前という人は貧困ではないでしょうか。第1部Ⅳで見たように、いま学校の教員の多くはそのような働き方を強いられています。この結果、教員という仕事を希望していながらあきらめる若者が増え、教員不足が深刻化する事態まで生まれています。また、トヨタ、三菱電機など日本を代表する民間企業でも過労死・過労自死事件が発生し、裁判で会社の責任が認められています。2015年12月、クリスマスに過労自死した電通の女性新入社員・高橋まつりさんは亡くなる前、SNSに「1日2時間しか眠れない」「体も心もズタズタ」「眠りたい以外の感情を失った」などと書き込んでいます。想像を超える長時間労働に、上司のパワハラも重なってうつ病になっていました。こうした人びとは貧困とは無縁と言えるでしょうか。そこで、以下では現代の貧困をどのような視点で捉えればよいか、あらためて考えてみたいと思います。

I　河上肇著『貧乏物語』および『第二貧乏物語』によせて

（1）『貧乏物語』および『第二貧乏物語』の貧困概念

　今から100年以上も前になりますが、「貧困」（貧乏）をタイトルにした本がベストセラーになりました。河上肇という著名な経済学者が執筆した『貧乏物語』です。この本は今日の貧困を捉える手がかりを与えてくれています。

　「驚くべきは現時の文明国における多数人の貧乏である。」— これは『貧乏物語』の冒頭の一節です。「貧乏物語」は1916年9月から年末にかけて大阪朝日新聞に連載された後、翌17年1月に弘文堂より単行本として出版されました。新聞連載時より絶大な人気を博したこの作品は一躍ベストセラーとなりました。それから13年後、マルクス経済学者として大変身を遂げた河上は、まだ多くの読者を得ていたにもかかわらず、あえてこの本を絶版にし、これに替えて『第二貧乏物語』（改造社、1930年）を出版しました。『貧乏物語』に比べると、『第二貧乏物語』は治安維持法下の厳しい弾圧もあって、それほど多くの読者を得るに至らなかったようです。

　『貧乏物語』では、はじめに、S．ラウントリーがイギリスのヨーク市で実施した貧困調査（1899年）を紹介するかたちで、貧乏線（今日の貧困線）を取り上げています。1日3500カロリー[1]に相当する食糧を得るのに必要な最低費用に、被服費、住居費、燃料費、その他の雑費を加算して、労働者一人当たりの生活必要費の最下限を算出し、これを「貧乏線」

---

[1] 当時の「カロリー」の単位は現在の「キロカロリー」に相当します。

としています。河上は、所得が貧乏線を下回る場合を「第一級の貧乏」、貧乏線上にある場合を「第二級の貧乏」と定義しました。つまり『貧乏物語』における「貧困」概念は、単純化すれば「所得」を基準に捉えていると言えます[2]。

ラウントリーは労働者が貧困状態に陥る主たる要因として、賃金が低いことをあげ、これに加えて、不規則な就業あるいは無職であることにも触れています。『貧乏物語』もこの点に言及しています。しかし、長時間労働による疾病や、安全衛生など、労働問題の視点が希薄であるといわざるをえません。『貧乏物語』が提案した貧困問題の解決策は富裕者が手にするぜいたくや富の制限、つまり禁欲に期待するものでした[3]。

『第二貧乏物語』になると、がらりと趣がかわりました。「貧困」概念に労働の視点、雇用や働き方の視点が加わったのです。同書は、雑誌『改造』で1929年3月から年末にかけて連載された論文をまとめたものですが、連載第1回で、メンネル工場（繊維工場）で朝6時から夜10時まで、毎日16時間働いている労働者の手紙を紹介しています。そこには、長時間働かざるをえないのは賃金が低いためである。「家族が多いと、こうまで無理をしなければ、ともかく生きてゆけない」（河上2009：28頁）と明確に述べ、低賃金と長労働時間との密接な関係を指摘しています。

『第二貧乏物語』の結びでは次のように述べています。

「資本主義国では産業の経営が、資本家のための利潤の増大、労働者のできうるかぎりの搾取を根本目標にしているから、労働時間のわずかばか

---

[2] 「この生活必要費の最下限に達するまでの所得をさえ有しおらざる者は、これを目して貧乏人となし、これに反しこの線以上に位しそれ以上の所得を有し居る者は、これを貧乏人にあらざる者とみなす」（河上1947：24頁）。

[3] 「社会組織の改造よりも人心の改造がいっそう根本的の仕事であるとは、私のすでに幾度か述べたところである。……もし社会のすべての人々がその心がけを一変しうるならば、社会組織は全然今日のままにしておいても、問題はすぐにも解決されてしまうのである」（河上1947：163～164頁）。「その心がけとは、口で言えばきわめて簡単なことで、すなわちまずこれを消費者について言えば、各個人が無用のぜいたくをやめる」こと。「富者の奢侈廃止をもって貧乏退治の第一策とした」（164頁）。

I 河上肇著『貧乏物語』および『第二貧乏物語』によせて

りの短縮でも容易には実現されない。そのために、従業中の労働者は長時間にわたる労働の強度化のために生命をすり減らされ、残りの労働者は、仕事がないために餓死線に沿うて怠惰を強制されている。そこには永久の貧乏があるのみだ」(同、340頁)。

河上の貧困概念は、『貧乏物語』のもっぱら所得を基準にしたものから、『第二貧乏物語』において、長時間労働、労働強度、安全衛生を含む概念に拡大しました。つまり雇用と働き方の視点を取り入れた貧困観に大転換したのです。上記の文は、長時間・過密労働、過労死のリスクと失業との併存を明示し、これこそ「貧困」にほかならないとしています。貧困を低所得状態に限定していないことに注目したいと思います。

河上自身は、『第二貧乏物語』の序文で、前作の『貧乏物語』に触れて「かくのごとき私の過去は、現在の私にとって恥辱以外の何物でもない」(同、13頁)と痛烈に自己批判しました。しかし、今日の貧困研究者のなかには、『貧乏物語』の河上を高く持ち上げる一方、マルクス経済学者となった河上の『第二貧乏物語』を脇においやる傾向が見受けられます[4]。それはなぜでしょうか。

前述のように、『貧乏物語』の河上は貧困解決の方法は富裕者がぜいたくをやめること、富裕者の禁欲に期待するものでした。ここには労働の視点、つまり本書が強調している雇用や働き方・働かせ方の視点は見あたりません。結論的に言えば、搾取の視点がないことです。このような貧困論であれば、当時の資本家も、政府も安心してベストセラーぶりを傍観していることができたのでしょう。しかし『第二貧乏物語』となるとそうはいきませんでした。治安維持法下となった日本社会では『資本論』をベースにした搾取の理論に貫かれた『第二貧乏物語』は厳しい検閲の対象となり、何カ所も伏字[5]にすることを余儀なくされました。河上もこのことを

---

[4] たとえば橋本(2016)を参照下さい。
[5] 「伏字」(ふせじ)とは、政府にとって都合の悪い字句を○や×印にして明記しないことです。治安維持法下の日本ではこのような措置がしばしばとられていました。

予感していました。『第二貧乏物語』の連載第1回で次のように述べています。

「第一の貧乏物語は、その観念論的性質のゆえに、貴族層の間にすら若干の愛読者を見いだしえた。しかしその反対物に転化しているであろうところのこの第二の貧乏物語は、はたしてその最後まで書き続けられうるや否やすら、筆者みずからが危ぶんでいる」（河上 2009：15頁）。

もし、今日の貧困研究者が『第二貧乏物語』を脇においやる理由として、搾取論の視点を除去することを暗黙裏に意図しているならば、それは河上肇を高く持ち上げるポーズを取りながら、河上を矮小化することにほかなりません。なぜならば、マルクス経済学者となった河上自身が『貧乏物語』を執筆した当時の自分自身に対して「恥辱以外の何物でもない」と明確に自己批判しているからです。

河上が『貧乏物語』刊行以降の17年間に、どのような過程を経て『第二貧乏物語』にいたったかは、あらためて研究すべき課題ですが、ここで詳しく論じるだけの準備ができていません。さしあたり次の点だけは紹介しておきましょう。

「『貧乏物語』のなかには労働問題が論じられていない」という点はすでに松尾尊兊氏によって指摘されています。松尾氏は次のように述べています。

「『貧乏物語』は河上さんが労働組合と直接関係をもたれる前の作品」（松尾 1983：51頁）で、「『貧乏物語』のなかに労働問題が論じられていないところに、日本社会の現実が反映しているのです。第一次大戦中一般的貧乏問題のなかから労働問題が次第に浮かび上がってくる。しかし社会問題の中心的地位を労働問題は占めていない。『貧乏物語』はそういう過渡期の産物」（同：54頁）というわけです。

本書第2部の冒頭で、100年以上も前に刊行された『貧乏物語』および『第二貧乏物語』を取り上げたのは、これらを通して今日の貧困問題を捉える際に欠くことができない視点を得ることができると考えたからです。

（2）「貧困」をどうとらえるか ― 貧困論の検討

　では、今日において「貧困」をどのようにとらえればよいでしょうか。志賀信夫さんは『貧困理論入門』（堀之内出版、2022年）のなかで、「『貧困』とは、人間生活において何かが剥奪されている状態にあるということである」と定義しています（志賀 2022：8頁）。「生活における何らかの剥奪状態が、『貧困である』とされるためには、そうした剥奪状態に対する『放置しておくことができない（それほど悪いものである）』という社会判断を経る必要がある」、つまり「あってはならない生活状態」として、社会構成員の多数が認めた状態が「貧困」というわけです（同前）。私はこうした貧困の理解に異論ありませんが、ここでいう「生活状態」のなかに雇用や働き方の視点、とりわけ人びと（その多くは労働者）が確保できる自由時間の多寡、言いかえれば労働時間の長さへの意識はどこまで含まれているでしょうか。

　志賀さんは今日の貧困研究の主流への批判をこめて、貧困問題を論じるには単に所得の大小ではなく、「資本―賃労働関係」の視点が不可欠であることを強調しています。私もそのとおりであると考えています。では、貧困を「資本―賃労働関係」の視点からとらえるとは具体的にどのようなことでしょうか。次にこのことについて取り上げましょう。

労働者状態を捉える三つの基準

　図 2-1-1 は、貧困あるいは労働者状態を捉える際の基準を示しています。労働者状態を〈所得（賃金）－自由になる時間－雇用（就業）・失業〉の三次元で捉えることを提起しています。私は、①まずまずの所得、②ゆとりある時間、③安定した雇用・就業、の三つの基準を満たすことが「人間らしいまともな働き方」（ディーセント・ワーク）の基本条件であると考えています。

図2-1-1 労働者状態を捉える基準

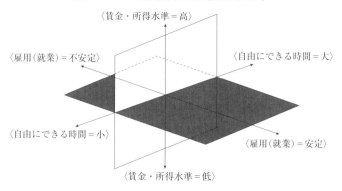

　貧困については、「相対的貧困率」を求める際の「貧困線」の定義[6]がそうであるように、所得を指標にすることが一般的です。先に取り上げた『貧乏物語』もそうでした。しかし、それだけでは労働者状態の全体像はわかりません。たとえば、年収がともに400万円の二人の労働者（Aさん、Bさん）を例に取りましょう。時間当たり賃金が2500円のAさんの場合は年間1600時間働けば400万円を確保できますが、時給1200円のBさんはダブルワーク、トリプルワークをして合計3300時間以上、つまりAさんの2倍以上働かなければ400万円を手にできません。所得に限れば、AさんとBさんは同一階層に属するのですが、働き方や生活の内実という点で両者は大きく異なっています。所得を見るだけでは捉えることのできない面があることを強調したいと思います。このように所得に加えて、労働時間をはじめ、働き方や雇用・就業のありようは、労働者状態や貧困問題を考える際の基本的指標です。

　そこで上記の三要素の関係を考えてみましょう。まずまずの所得を得るためには雇用が安定していなければなりません。日雇労働に象徴されるよ

---

[6] 相対的貧困率を算出する際の「貧困線」とは、国民全員を所得の高い人から最も低い人まで順に並べて、ちょうど真ん中に位置する人の所得（所得の中央値）の半分の額を意味します。この貧困線より低い所得の人の数が国民全員に占める比率を相対的貧困率と呼んでいます。

うに、明日の仕事が確かでない状態では到底、所得の安定を望めません。雇用期間が1か月、3か月、半年、1年などに限られている場合は、所得の見通しも定かではありません。仕事が細切れでないことは安定した所得確保のための必須条件です。

　先のBさんのように、時間当たりの賃金が低ければ、生活を維持するために長時間働かざるをえません。賃金と労働時間、したがって自由にできる時間のありようは密接不可分の関係にあります。もっとも、会社の拘束度が高く無限定な働き方を求められる日本の正社員の場合、高賃金と長時間労働はしばしば並存しています。このため、時間当たり賃金が高ければ労働時間は短いという関係は成立しません。

　1990年代より所得を基準に正規雇用と非正規労働者の生涯所得の格差を取り上げ、「正社員＝勝ち組、非正規労働者＝負け組」とする議論が繰り返されてきました。これは「非正規になるよりは、たとえブラック企業でも正社員の方がマシ」とする議論を後押ししています。たしかに多くの場合、所得は正規雇用の方が非正規よりも高い。しかし、「自由になる時間」という点からはどうでしょうか。たとえ、高所得者であっても、自由にできる時間が乏しければ、生活の質の点で見た場合は貧しいと言わざるをえません。低賃金のためダブルワークを余儀なくされる労働者の場合はさらに貧しい。自由にできる時間をどの程度もっているかは、今日の貧困問題を考える上で決定的です。さらに、地域における社会的活動や労働運動に参加するためにも自由時間がなければ現実のものとはなりません。「社会参加」にとって「時間」の視点ははずすことはできません。とりわけ長時間労働が社会全体に蔓延している日本ではこのことを強調したいと思います。

　これまで述べたように、①所得、②労働時間および自由にできる時間、③雇用・就業のあり方という三つの基準に照らして労働者状態をトータルに捉えることが「貧困」を論じる際には不可欠です。なお、「自由にできる時間」という基準は、労働時間の長短だけでなく、労働環境など働き方

の安全の問題にまで拡張して考えるべきです。

　ただし、ディーセント・ワークを実現し、貧困状態から脱するには、先の三要素（指標）が整備されているだけでは十分とは言えません。労働災害に罹災した場合や失業時、あるいは高齢期の生活保障、さらに子育て・教育・医療・介護・住宅などの社会的公共サービスの整備が不可欠です。社会的公共サービスが貧弱なため、これらにかかる費用をもっぱら賃金でまかなわねばならない場合、労働者の企業への依存度合いは大きくならざるをえません。ここではこの点は指摘するのみにとどめておきます。

　これまで「貧困」を捉えるための基準について述べてきました。では「貧困とは何か」と問われたならば、私は「物質的、文化的、精神的側面にわたって人間としての尊厳が奪われている状態」と答えたいと思います。「物質的、文化的、精神的状態」を規定しているのが、これまで強調した〈所得（賃金）－自由になる時間－雇用（就業）・失業〉の三つの要素です。労働者状態はこれら三要素（指標）プラス社会的公共サービスのあり方によって決まります。

　上記の三つの指標を統一的に捉える理論を示したのがマルクスの資本蓄積論、相対的過剰人口論 ─ 失業・半失業の理論です。「資本─賃労働関係」の視点から貧困を捉えるには資本蓄積論、相対的過剰人口論を基礎において考えることが不可欠です。そこでⅡではこの理論について取り上げましょう。

Ⅱ　失業と半失業 ─ マルクス「相対的過剰人口論」

　マルクスの資本蓄積論、相対的過剰人口の理論はおもに『資本論』第1部第7編第23章で扱われています。少々理屈っぽい話になりますが、し

ばらくおつきあい下さい。

（1）資本蓄積と相対的過剰人口

1　資本・賃労働関係の拡大再生産、相対的過剰人口の形成

　私たちが生きているこの資本主義社会では、かなりの資産をもっていないかぎり、人は労働力（働くために必要な身体的・精神的力）を資本家（経営者）に販売し賃金を得ることによってしか生きることはできません。他方、資本家は労働者を雇い、労働者が生みだした利潤（剰余価値）を取得することで富を蓄えるという関係が再生産されています。資本の蓄積とは剰余価値を現在の資本に追加することで資本の規模をより大きくすることですが、それは拡大された規模での資本・賃労働関係の再生産を意味します。つまり資本蓄積が進むにつれて就業人口のなかで自営業主（個人経営の農家や商店主、工場主など）に代わって企業（資本）に雇用されて生計をたてる労働者が増加してきました。例えば、日本では1982年から2022年までの40年間に自営業主や家族従業者はおよそ1540万人から610万人へ、930万人近く減少した一方、「役員を除く雇用者」つまり雇用されている労働者は約3970万人から5720万人へ、1750万人あまり増加しました（「就調」1982年、2022年）。自営業主および家族従業者の多くが資本家に雇用される労働者に転化したこと、およびこれまで働いていなかった人が就業者、なかでも労働者になったことを物語っています。これらは資本―賃労働関係の拡大を示しています。

　さて、資本の蓄積は単調なものではなく、大小の変動をともなっています。急速に進むこともあれば、停滞の時期もあります。事業の急な拡大の際に資本（企業）は追加の労働者をすぐに必要としますが、その時のために、資本主義経済は職を求めて待機している失業者（相対的過剰人口）のプールを用意する仕組みを備えています。こうした相対的過剰人口のプールがなければ資本蓄積は妨げられるため、このプールの形成は資本主義経

済を円滑に維持するための条件となっています。マルクスは相対的過剰人口について、「現実の人口増加の制限にかかわりなくいつでも使える搾取可能な人間材料」すなわち「産業予備軍」と名づけました（『資本論』邦訳新版[7]、第4分冊、1104頁）。

相対的過剰人口の大きさは固定したものではなく、資本蓄積のあり方によってたえず変動します。利潤（剰余価値）が増え、それが資本に追加され、資本規模が大きくなっていく活況期には労働力に対する需要は大きくなり、したがって相対的過剰人口は減少しますが、逆に資本蓄積が低迷する不況期には労働力を手放す企業が多くなるため、相対的過剰人口は増加します。

このような相対的過剰人口の創出とその運動をマルクスは「資本主義に固有の人口法則」と名づけています。これは「人間の生殖本能のため人口は幾何級数（等比級数）的に増加する一方、食糧生産は算術級数（等差級数）的にしか増えず、人口は供給過剰となるため貧困は除去できない」と主張したマルサスの人口論を批判するものでした。

こうして特定の業種や職種で労働市場が売り手市場となり、今日の介護や医療職などのように労働力が不足し、介護事業所や病院・診療所が経営難に陥ることがおこりますが、相対的過剰人口（産業予備軍）のプールが用意されている限り、社会全体で労働力不足が生じて賃金が騰貴し、資本蓄積が妨げられるという事態が生じることはありません。逆に資本主義経済は相対的過剰人口をたえず生みだし、失業問題を抱えることになります。マルクスは単に「過剰人口」と呼ばないで「相対的」という言葉をつけています。「絶対的過剰人口」ではなく、あくまでも「相対的」だというのです。「相対的」とは、「資本の中位の増殖欲求にとって余分な」（同、1100頁）という意味です。つまり資本の蓄積が飛躍的にすすむ時期にはそれは減少するし、停滞する時期には増加するというのです。

---

[7] 本書では『資本論』からの引用は、日本共産党中央委員会社会科学研究所監修『新版資本論』（新日本出版社、2020年）を用います。

この相対的過剰人口が生み出される詳細な仕組みについては煩雑になりますので、ここでは省略します（伍賀 2008、参照）。

2　相対的過剰人口が現役労働者に及ぼす圧力、防波堤としての労働基準

『資本論』は、労働力をめぐって需要（資本蓄積）と供給（労働力人口）が相互に独立した関係にあって両者の量的関係で賃金が決定されるという労働市場のとらえ方は正しくないといいます。資本は労働市場の需要面だけでなく供給面にも同時に作用しており、資本蓄積はそれ自身のなかに労働供給の限界を打破する機構をそなえていることを強調しています。それゆえマルクスは「サイコロはいかさまだ」（同、1116 頁）というのです。ここでは資本が労働供給面に作用する仕組みに注目しましょう。

第一に、技術革新をともなう労働生産性の上昇は、労働需要の相対的減少とともに、労働者の入れ替えを急速にすすめます。マルクスの時代、機械制大工業の先進工場においては技術革新によって従来型の熟練が不要となるや、資本は相対的に高賃金の男子熟練労働者を工場から追い出し、かわりに女性や若年労働者を雇い入れました。無用となった男子熟練労働者は過剰人口のプールに追いやられたのです。

第二に、相対的過剰人口がいま就業中の労働者にたいして加える圧力の作用があります。「いやならいくらでも代わりの人が待っているからね」という上司の言葉は労働者に労働強化や長時間労働を強いるには十二分でしょう。失業者が増えているという新聞やテレビの報道も同様の圧力となります。相対的過剰人口による圧力にたいする歯止めがなければ、労働時間の延長や労働強化によって就業労働者一人当りが支出する労働量が増大するため、労働需要が増加しても労働者にたいする雇用増につながりません。このように、その時代および社会における労働支出のあり方に関する労働基準（労使交渉によって締結される労働協約や、労働法制による労働時間や深夜労働などについての規制）がどのように設定されているかが相対的過

剰人口の形成に大きく関わっています。

　労働基準（たとえば工場法や労働基準法）が未確立の社会では、労働時間の延長や労働強度の極大化による剰余価値の増加が野放しにされているため、資本の大きさ（工場の数や規模）と比べた就業労働者数は少なく、その分だけ相対的過剰人口は増加します。逆に過剰人口の圧力によって就業労働者の過度労働をさらに強めるという相互促進関係が形成されています。『資本論』では次のように述べています。

　「資本の蓄積が、一方では労働にたいする需要を増大させるとすれば、他方では労働者の『遊離』によって労働者の供給を増加させるが、それと同時に、失業者の圧迫が就業者により多くの労働を流動させるよう強制し、したがってある程度、労働の供給を労働者供給から独立させる。この基盤の上における労働の需要供給の法則の運動は、資本の専制支配を完成させる」（同、1116〜1117頁）。

　労働協約や労働基準法などの労働法制の改正によって、時間外労働、深夜労働、不規則労働などを規制し労働基準を確立することは働きすぎ社会を規制するためのみならず、失業問題の改善にとっても不可欠の課題です。この点は後にもう一度ふれることにしましょう。

（2）相対的過剰人口の存在形態

1　「なかば就業」、「半失業」の労働者

　マルクスは「相対的過剰人口は、ありとあらゆる色合いのもとに存在する。どの労働者も、なかば就業しているかまたはまったく就業していない期間中は、相対的過剰人口に属する」（同、1118頁）と述べ、相対的過剰人口の存在形態として流動的形態、潜在的形態、停滞的形態、それに受救貧民の四類型をあげています。ここで注目したいのが「なかば就業している」過剰人口についてです。『資本論』では「半就業者」（halbbeschäftigte Hände）とも呼んでいます。

Ⅱ　失業と半失業 ── マルクス「相対的過剰人口論」

　一般に、失業者は失業時の生活保障（失業保険制度）や生活保護などの公的保障がない限り、「まったく就業していない」状態に長期にわたってとどまることは不可能です。多くの人びとは収入を確保するため、著しい低賃金や細切れ的雇用、危険で有害な労働など、労働条件の劣悪な仕事であっても拒否することはできません。そうでなければ犯罪者となるか、餓死するほかありません。それはマルクスの時代も、今日も変わりありません。相対的過剰人口の多くは「なかば就業」（半失業）という形を取るのですが、就業しているかぎり、雇用・失業統計では就業者に数えられるでしょう。

　マルクスは先の過剰人口の四類型のうち「停滞的過剰人口」が半就業（半失業）にあたると述べています。近代的家内労働がその具体例ですが、そこでは「女性の労働力および未成熟の労働力のむきだしの濫用、あらゆる正常な労働条件および生活条件のむきだしの強奪、そして過度労働および夜間労働のむき出しの残虐さ」（同、第３分冊、823頁）が広がっていました。家内労働は大工業の外での就労ですが、剰余価値の生産を担っていました。過剰人口でありながら剰余価値生産に加わるというのは論理的には矛盾しているように思いますが、現実にはそうでした。大工業で労働力の需要が増加した場合には家内労働者が動員されるという意味で資本にとって「自由に使用することのできる労働力の尽きることのない貯水池」（同、第４分冊、1122頁）、つまり過剰人口のプールとなっていました。

2　相対的過剰人口としての不安定就業

　ここで『資本論』からひとまず離れ、「なかば就業」（半失業）という過剰人口の具体的形態について立ち入って考えておきましょう。

　今日の相対的過剰人口は顕在的失業者のなかだけでなく、さまざまな形態の不安定就業労働者のなかにも見出されます。日本を代表する大企業の製造ラインに導入された派遣労働者や、アマゾンなど物流の現場で商品のピックアップや梱包に従事している日雇いの若者たちは相対的過剰人口で

しょうか、それとも現役労働者でしょうか。

　このような人びとは現役労働者として剰余価値生産の基幹的部署に組み入れられながら、同時に相対的過剰人口の面をも強く持っており「半失業」の状態にあるといえます。前述のとおり、『資本論』では失業者だけでなく「なかば就業」とか、「半失業者」という言葉を用いて相対的過剰人口を説明していますが、現代の相対的過剰人口は、図 2-2-1 のとおり、明々白々たる顕在的失業者（A）から、本来の正規雇用に近い人びと（G）まで多様です。たとえばタクシードライバーのように、会社に雇用されてはいるものの、客待ちしている時間帯（空車時間）は賃金が支払われないため年収は 200 万円にも及ばないという場合、1 日の拘束時間のうち、空車時間、たとえば半日は失業状態です。文字どおり失業の契機をかかえた就業形態です（B）。

　「明日の仕事があるかどうかは今日の午後 3 時に派遣会社からメールが届くまでわからない」という状態の日雇い派遣労働者は失業者と紙一重の状態です（C）。3 か月、1 年、あるいは 3 年という有期労働契約で働いている人たちは次の契約が更新されるかどうかわからない。日雇いほどではないとはいえ、次の仕事がどうなるか、常に不安をかかえた働き方です。第 1 部 II で見た「会計年度任用職員」はこのような雇用形態で働いています。たしかに現役労働者なのですが、同時に相対的過剰人口に属すると言えるでしょう（契約期間に応じて D→E→F）。

　さらに、無期の労働契約ではあるが、尋常でない長時間労働が日常化し、それを拒否することは職を失うリスクを覚悟しなければならない状態で、他の働き口を求めて求職活動をしている労働者も本来の正規雇用とはいえません。1 時間あたりの賃金に換算すればパート・アルバイトの賃金水準にも及ばないケースもあります（G）。

　このように相対的過剰人口の多くは、「労働力調査」の完全失業者のようにまったく働いていない顕在的失業者ではなく[8]、さまざまな半失業の形態を取っています。経済が突然活況を呈し、労働力の確保が必要になる

II 失業と半失業 ── マルクス「相対的過剰人口論」

図 2-2-1 雇用と失業の中間形態（半失業）

事態が到来した場合には、このような人びとを一気に動員し使用することになります。そうした意味で「資本の変転する増殖欲求のために、現実の人口増加の制限にかかわりなくいつでも使える搾取可能な人間材料」（同、1104頁）として産業予備軍の役割を果たしています。もちろん、活況時に企業に動員されたとしてもそれは正規雇用であるとは限りません。以前に比べ、多少はましな労働条件だけれども依然として非正規雇用のままということも十分ありうるのですが。

あとで詳しく触れますが、2000年代以降、大企業が率先して雇用の弾力化戦略を強めるとともに、リストラによって増加する失業者を非正規・半失業に誘導する新自由主義的雇用政策が強く働いています。失業時の生活保障が貧弱なことに加え、生活保護制度を利用することに対するスティグマ（恥辱意識）が根強く、さらに近年「自立支援」を迫る政策が力を増している日本では顕在的失業者にとどまる余地は限られています。時間をかけて自分にあった仕事を探す余裕が与えられないまま、目の前にある働き口を選ばざるをえない状態（「労働力の急迫販売」）にあります。このように低賃金の半失業層が分厚く形成されているのが今日の日本です。図

---

[8]　「労働力調査」の完全失業者は次の①～③をすべて満たす人びとと定義されています。①仕事がなくて調査週間中（月末1週間）に少しも仕事をしなかった、②仕事があればすぐ就くことができる、③調査週間中に仕事を探す活動や事業を始める準備をしていた（過去の求職活動の結果を待っている場合を含む）。

2-2-1 で相対的過剰人口と現役労働者が重なる部分が大きいのはこうした現状を示しています。

（３）人材ビジネスによる産業予備軍の動員

　過剰人口の一部が半失業形態を取ること、言い換えれば就業者のなかに失業の契機をかかえた人びとがつくり出され、職場のなかに導入されていることは利潤（剰余価値）の生産にとって独自の意味を持っています。今日では半失業状態を利用するような産業も栄えています。さらに、人材ビジネス（労働者派遣事業、業務請負業）のように、半失業の非正規雇用を生み出し、増加させること自体を営利目的とする産業もさかんになっています。これらについては第３部Ⅱ「ワーキングプアの時代」でもう一度取り上げましょう。

　ところでマルクスが『資本論』を執筆した 19 世紀半ばから後半の時代に、資本家はどのようにして産業予備軍（相対的過剰人口）のプールから労働者を動員することができたのでしょうか。今日のハローワークのような公的職業紹介機関や民営職業紹介業者、派遣業者などはまだ存在していません。当時、新聞の求人広告を利用した工場経営者による労働者の直接募集も行われてはいました。『資本論』には、児童労働に対する工場法の規制をすり抜けるために 13 歳として通用するような少年の募集や（同、第３分冊、696 頁）、綿工業地域で求人広告による労働者募集が行われ、農村地域から労働者が移動したとの記述があります（同、第３部、第８分冊、224 頁）。

　ここでは今日の人材ビジネスとの関連で、マルクスが相対的過剰人口を産業資本家に提供する「請負業者」（Kontraktor）について言及していることに注目したいと思います。「資本は自己の必要に従って、これを（相対的過剰人口――引用者）あるときにはこの地に、あるときにはあの地へと派兵する。行軍しないときには、彼らは『野営する』」。請負業者は「資

本の軽歩兵」(相対的過剰人口＝産業予備軍)を率いて移動しながら「さまざまな建設・排水作業、煉瓦製造、石炭製造、鉄道建設など」に従事させる。就労先の周辺に労働者用住居として木造小屋を急ごしらえで用意することもある。業者は産業資本家に労働者を「産業兵士」として提供すると同時に、借家人としても労働者を搾取する。搾取は二重に行われる（同、第4分冊、1157頁）[9]。現代の日本で派遣・請負業者が派遣先の工場の近くにアパートを用意して派遣労働者を供給し、派遣先が不要となれば、別の地域の派遣先企業を斡旋する状況が連想されます。このような間接雇用（または類似の形態）は借地農場経営（資本主義的農業）でもみられました[10]。19世紀のイギリスで資本家による直接雇用と、請負業者が介在する間接雇用がどのように組み合わされていたかは興味深い研究課題ですが、歴史研究の成果を待ちたいと思います（伍賀2016）。

（4）人口減少社会における失業・半失業

ではこれまで述べた失業・半失業は人口減少社会ではどうなるでしょうか。『資本論』で相対的過剰人口を論じた第1部第23章の最後に「第5節 資本主義的蓄積の一般的法則の例証」というタイトルのついた、邦訳書で100ページ余の節があります。つい読み飛ばしがちですが、なかなか興味深い記述が含まれています。余談ですが、この節でマルクスは19世紀日本の排泄物の処理システムにも言及しています[11]。

この節のアイルランドの項で人口減少と相対的過剰人口について論じています。アイルランドでは1846年に大飢饉が襲い、貧困に陥った人たち

---

[9] 二重の搾取とは、労働者供給業者としての中間搾取と、高い家賃を取得する家主としての搾取です。

[10] 『資本論』では開業医の報告として次のような記述があります。「少年や少女たちと隊をなして一緒に労働する既婚女性たちは、『労働隊長』と呼ばれる隊全体を雇う一人の男によって、一定の金額で、借地農場経営者の使用にまかせられる。」（邦訳新版、第3分冊、700頁）

[11] 「日本では生活諸条件の循環はもっと清潔に行われている。」（邦訳新版、第4分冊、1201頁）

を中心に 100 万人以上が命を落としました（同、1225 頁）。生き残った人びとは飢えを逃れるため、新大陸アメリカをめざして移民となったのです。その数は 1851 年から 65 年までにおよそ 160 万人にのぼったとのことです（同、1215 頁）。餓死者とその後の移民によってアイルランドの人口は急減しました。絶対的過剰人口の増加こそが貧困の原因と考えるマルサス理論によれば、人口の減少したアイルランドでは賃金が上昇し、貧困は改善されるはずです。結果はどうだったでしょうか。マルクスは次のように述べています。

　「残留して過剰人口から解放されたアイルランドの労働者にとってどのような結果が起こったか？　相対的過剰人口が、こんにちでも 1864 年以前と同じように大きいこと、労賃が同じように低く、労働の苦しみが増したこと、農村における困窮がふたたび新たな危機の切迫を告げていること、これが結果である」（同、1226 頁）。

　このようになった原因は、農業における革命（農地の大借地農場＝農業資本家のもとへの集中、耕作地から牧草地への転化、中小規模農場の競争での敗退にともなう失業の創出など）によって相対的過剰人口の生産が絶対的人口減少よりも急ピッチで進んだことにあります（同、1226 頁）。これは、人口減少社会を迎えた日本の失業・半失業問題を考える際にも示唆的です。繰り返しになりますが、人口が減少したとしても、それだけでは相対的過剰人口、つまり失業・半失業の解消にはつながらないのです。

　ただし、『資本論』では上述のとおり、アイルランドの人口減少に言及していますが、あくまでも資本蓄積の一般的法則の例証の節で言及したのであって、理論的に論じているわけではありません。今日の先進国の多くが人口減少という新たな事態を迎えており、そうしたもとでの相対的過剰人口はどうなるのか、理論的に解明する必要があると思います。

　いま先進国や中進国では IT 化がすすみ、生成 AI の実用化もあって省力化、無人化が急ピッチで進んでいます。人力（人手）に依存するほかないような分野、たとえば介護や医療、保育、教育などの対人サービス労働

は別として、それ以外の分野ではIT化、AI化による労働力の過剰化圧力が増加するでしょう。

2030年までにIT人材が数十万人不足するとやかましく言われていますが、AI化の進展状況によってはその見通しも変わる可能性が大きいと思います。たとえば、「日経新聞電子版」（2017年8月25日付）は「202X年、再び人余り？ AI導入で省力化すすむ」という見出しをつけた記事を掲載しています。

さらに国境を越えたオンライン型のプラットフォーム労働の利用拡大によってIT技術者が地球規模の競争にさらされて過剰化するおそれもあります。これについては第3部V章で取り上げましょう。

III　貧困研究に「労働」をとりもどす

（1）貧困研究から「労働」を追いだしてよいか

貧困とその原因を区別することについて

Iでは①所得、②自由にできる労働時間、③雇用・就業のあり方という三つの指標（基準）に照らして労働者状態を捉えることが貧困を論じる際に不可欠であることを提起しました。IIでは、この三つの指標のなかで③に焦点をあててマルクスの相対的過剰人口論を取り上げました。

相対的過剰人口論の視点から貧困を論じることに対しては、岩田正美氏から次のような批判が寄せられています。

「日本ではマルクス主義の貧困化法則論の影響も強くあったせいか、とりわけ労働問題や社会階層の下で貧困が議論されてきた経緯がある。今日でも非正規労働と貧困とのストレートな結びつけでワーキングプアの議論

がなされている。そうした場合貧困はその原因としての失業や不安定就労問題それ自体に収斂される傾向があり、そうだとすると特に貧困を議論する必然性がなくなってしまうのである」(岩田 2008：16 頁)。

　貧困それ自体と、その原因とを区別し、失業や不安定就労は貧困の原因ではあるが、貧困そのものではないという主張です。果たしてそうでしょうか。

　失業していること自体が貧困そのものであるということをもっともよく示している著作として、70 年も前のものですが、日本炭鉱労働組合九州地方本部・九州産業労働科学研究所編『失業者 ― カンテラは消えず』(五月書房、1955 年)があります。この本は、1950 年代前半に石油へのエネルギー転換や輸入石炭の増加によって経営危機に陥った福岡県筑豊地方の中小炭鉱から解雇された炭鉱夫とその家族 815 世帯の職歴と生活をきめ細かな調査によって浮き彫りにし、文字どおり貧困の極にある実態を明らかにしました。晩飯ぬきの世帯、電灯のない世帯、タンスのない世帯、よそいき着のない世帯、ふとん 1 枚以下の世帯、雨傘のない世帯、新聞をとらぬ世帯、質入れ可能な品物のない世帯などが集計されています。さらに典型的な炭鉱失業者 18 人の詳細な個別事例の記録も収録されています[12]。このような大規模かつ克明な調査が実施できたのは、日本炭鉱労働組合が主宰したことで失業者および家族の信頼を得たからです。今日のインターネットによるオンライン調査ではなし得ない質の高さです。この著作は大きな反響を呼び、大手新聞の書評欄や NHK ラジオ第一放送で取り上げられたとのことです (戸木田 1989：120 頁)。

　失業が貧困そのものであることを論じた近年の著書として、上畑恵宜『失業と貧困の原点 ― 釜ヶ崎 50 年からみえるもの』(高菅出版、2012 年)

---

[12] 『失業者 ― カンテラは消えず』が刊行されるまでの経緯および要点は戸木田 (1989：第 2 部) を参照下さい。本書の事実上の執筆者は戸木田嘉久氏 (当時、九州産業労働科学研究所事務局長) でした。この調査には正田誠一氏はじめ九州大学経済学部の教員が協力し、学生も多数参加しています。

も示唆に富んでいます。上畑さんは 1963 年から 92 年まで 30 年にわたって大阪市にある西成労働福祉センターの職員として職業紹介や職業生活相談の仕事を担当していました。70 年代の二度にわたるオイルショックを機に日本は低成長経済に転じ、高度成長期に活況を呈していた日雇労働市場は収縮しました。東京の山谷とともに日雇い労働者が集中していた釜ヶ崎（大阪市西成区、あいりん地区ともいう）の求人は減り、求人用に釜ヶ崎にやってくる業者の車両も激減します。上畑さんはこの時の模様を次のように記しています。

「（求人車両が ── 引用者）たまに乗り入れて来ると、労働者が殺到し、先を争ってマイクロバスに乗り込もうとした。そこでは『顔付け求人』が優先した。一見の労働者は排除され、高齢労働者は車から降ろされた。それでも乗り込もうとする労働者をふるい落とすように車は発車していった。日雇労働者から仕事を奪うことは死を宣告するに等しかった。収入は途絶え、一宿のドヤ代も払えず、食事もとれなかった。青カン ── 野宿への道だった」（上畑 2012：20 頁）。

少し回り道をしすぎたようです。元の議論にもどりましょう。

繰り返しになりますが、私は貧困を議論する際には図 2-1-1 で示したように、〈所得 ── 失業・半失業 ── 労働時間・自由時間〉の三次元で捉えるべきと考えています。所得は保障されているが、自由な時間がなく、過労死のリスクに直面している労働者は貧困ではないのでしょうか。先に触れた河上肇『第二貧乏物語』の冒頭に登場する長時間働かざるをえない繊維工場の労働者の状態は貧困そのものではないのでしょうか。

また、失業および半失業は所得の有無や不安定をもたらす最も重要な要因ですが、同時に失業および半失業という状態それ自体も職場や社会との関係を絶たれ、労働能力の発揮ができないという意味で貧困そのものです。もちろん、失業の機会を利用して新しい職につくための準備期間にあてるという積極的な意義に転化する可能性もあるのですが、それには失業期間中の生活保障や職業訓練制度などが整っていなければなりません。

「貧困化法則」および貧困化論争について

ところで、岩田氏は先のコメントのなかで「貧困化法則」という私たちの年代には懐かしい言葉を用いています。せっかくですのでこれに触れておきましょう。1950年代にさかのぼりますが、「生産性向上は付加価値を高めるため、企業と労働者の分け前の原資は増加するので、労働者および労働組合は企業と協力して生産性向上をめざすべき」という主張が、アメリカの後押しを受けた日本政府や経済界から提起されました。これは戦後日本資本主義の復活を促進する大キャンペーンでした。この運動の推進組織として55年2月に「日本生産性本部」が設立され[13]、労資協調を唱える民間大企業の労働組合も積極的に生産性向上運動に協力しました。こうした情勢のもとで、生産性向上と経済成長が労働者階級の生活向上をもたらすのか、言い換えれば、経済成長すなわち資本蓄積が進めば貧困が解消されるのかをめぐって経済学界を中心に活発に議論が展開されました。いわゆる「貧困化論争」[14]の日本版です。この論争で焦点となったのが、『資本論』の「資本主義的蓄積の一般的法則」の解釈についてでした。この法則についてはすでにⅡで触れていますが、もう一度確認の意味で述べておきます。

資本蓄積と労働者状態の関連をめぐっては「資本主義経済のもとで、生

---

[13] 発足時の日本生産性本部の経費はアメリカの援助が約2億円、財界基金1億円、政府援助が4000万円でした（戸木田 2003：255頁）。

[14] 貧困化論争は19世紀末にマルクスの資本蓄積論を批判したベルンシュタインに対するカウツキーの反批判をきっかけに、資本蓄積と労働者の貧困化との関係をめぐって国際的に繰り広げられました。ベルンシュタイン（ドイツ）は資本の集積・集中の理論を否定し、「中産階級」の数の増加を説いて、資本家階級と労働者階級への階級分解の進展を否定、貧困化の進行も否定しました。これに対するカウツキーの批判は、貧困を「生理的貧困」と「社会的貧困」の二種類に分け、前者を絶対的貧困、後者を相対的貧困として、前者を否定、後者のみを認めました。カウツキーはその後、科学的社会主義を否定するようになり、それに追随した人びとも同様に後者に触れずに、もっぱら「絶対的貧困化」を批判するようになり、論争は絶対的貧困化をめぐって展開されました。

なお、マルクスが「絶対的」と考えたのは「資本主義的蓄積の一般的法則」の貫徹であって、貧困化論争で議論になったような、実質賃金あるいは生活水準が絶対的に低下することを主張したのではありません（伍賀 1977）。

Ⅲ　貧困研究に「労働」をとりもどす

産性が上昇し、経済成長が拡大することで労働者状態は改善される、したがって労働者は資本蓄積にたいして協力すべきだ」という議論が時代を超えて繰り返されてきました。企業のリストラ提案や、正社員を減らして代わりに非正規労働者を導入する方針を容認することで企業の競争力が高まり、それによって労働条件は改善されるという主張が経営者のみならず、一部の労働組合の幹部からも出されることがあります。現在でも同種の議論はたえず繰り返されています。はたして資本蓄積が進み、資本の力が強まると労働者状態は改善されるのでしょうか。『資本論』の理論はこうした議論にたいして、次のように明確に批判しています。長くなりますが、引用しておきます。

「第四編で相対的剰余価値の生産を分析したさいに見たように、資本主義制度の内部では、労働の社会的生産力を高めるいっさいの方法は、個々の労働者を犠牲にして行なわれるのであり、生産を発展させるいっさいの手段は、生産者の支配と搾取との手段に転化し、労働者を部分人間へと切り縮め、彼を機械の付属物へとおとしめ、彼の労働苦によって労働の内容を破壊し、科学が自立的能力として労働過程に合体される程度に応じて、労働過程の精神的能力を労働者から疎外する……。しかし、剰余価値の生産のいっさいの方法は、同時に蓄積の方法であり、その逆に、蓄積のどの拡大も、これらの方法の発展のための手段となる。だから、資本が蓄積されるのにつれて、労働者の報酬がどうであろうと——高かろうと低かろうと——労働者の状態は悪化せざるをえないということになる。………　この法則は、資本の蓄積に照応する貧困の蓄積を条件づける。したがって、一方の極における富の蓄積は、同時に、その対極における、すなわち自分自身の生産物を資本として生産する階級の側における、貧困、労働苦、奴隷状態、無知、野蛮化、および道徳的堕落の蓄積である」（邦訳新版、第4分冊、1125〜1126頁）。

　資本蓄積と労働者の貧困化の関係について、マルクスの言わんとするところを平易にまとめると以下のようになるでしょう。

91

蓄積の拡大によって剰余価値生産過程に包摂される労働者人口は「吸引」や「反発」をともないながら増大し、個々の局面で賃金上昇などがありえても全体として剰余労働を強いられる関係は打破されず、労働者状態の抜本的向上はありえない。「怠惰」(つまり失業) を強いられる相対的過剰人口は就業労働者にたいして過度労働を強制しながら、労働者人口全体を資本─賃労働関係に縛りつける機能を果している。資本主義経済の仕組みは、相対的過剰人口の形成によって資本・賃労働関係の拡大再生産を保証しつつ、貧困状態におかれる労働者の範囲を拡大し、剰余価値生産の諸方法の展開にともない、長時間・過密労働、深夜労働の拡大、過労死や労働災害の多発、細切れ的不安定就業、実質賃金切り下げなど多様な貧困現象をもたらす。ゆとりを失った労働者は学習したり、労働組合に参加する時間も気力もなくし、一時の快楽を求めるようになる。

　マルクスはこれを「資本主義的蓄積の一般的法則」と名づけていますが、この法則は資本蓄積が相対的過剰人口(産業予備軍)を生み出すことを論証したのにとどまりません。資本蓄積の前提に剰余価値生産があり、資本蓄積の追求は同時に剰余価値の増加にほかならないことを強調しています。このように資本蓄積は剰余価値を生み出す労働(剰余労働)を強いられる労働者の増加、つまり資本─賃労働関係の拡大再生産にほかならないこと、資本蓄積とともに剰余労働を追求する手法が多様化し、労働苦も多様な形態をとって増加することを述べています。

　資本蓄積の過程は労働者階級にさまざまな形態の貧困をもたらすのですが、他方でマルクスはそうした仕組みを打ち破る主体的力を生み出す基盤をも形成することに着目しています[15]。この法則は、かつての「貧困化論争」で議論されたような、労働者階級の貧困化をもたらす側面だけを強調したものではありません。それゆえ、「資本主義的蓄積の一般的法則」を「貧困化法則」と呼ぶのは正確な理解ではありません。

　戦後日本の貧困化論争は1950年代前後から70年代前半まで行われまし

た。「労働者階級の貧困化」とは何かをめぐって、実質賃金低下説(実質賃金が絶えず低下すること)、生活水準低下説(資本蓄積にともなって、労働条件・生活条件・健康および文化などの総括としての生活水準が低下すること)、労働力の価値以下説(相対的過剰人口の創出によって賃金が労働力の価値以下に低下すること)などが提起されましたが、いずれも説得的ではありませんでした。貧困化の本質については、資本蓄積にともなう資本による賃労働の搾取関係そのものの拡大再生産あるいは支配・隷属関係の拡大・深化に求めるようになりました(高木 1973)。貧困化論争が『資本論』の解釈をめぐる抽象的な議論に集中したことに加え、高度成長下の賃金上昇もあって貧困化への関心は次第に薄れ、論争は 70 年代初めに終息します。

　高度成長過程における巨大企業の合理化と生産性向上による利潤追求が労働者とその家族に何をもたらしたかについて、大企業職場と労働者生活への綿密な調査記録がジャーナリストによって示されています。その記念碑ともいうべき作品が斎藤茂男『わが亡きあとに洪水はきたれ！ ─ ルポルタージュ・巨大企業と労働者』(現代史出版会、1974 年、後に「ちくま文庫」より復刊)です。斎藤氏は「共同通信」の記者でしたが、日本を代表する巨大企業の労働現場に分け入って詳細に実態を告発しています。取材対象となっているのは、トヨタ自動車、新日本製鐵、石川島播磨重工、富士銀行(現在のみずほ銀行の前身のひとつ)、日産自動車、ソニー、日本鋼管、住友化学、ダイエー、厚木自動車部品、日本石油精製、松下電器、住友海上火災、日本ゼオン、三井銀行、日本ユニカー、日立製作所、神戸製鋼などです。

---

[15] 資本の集積・集中をともなう資本蓄積の進展は、生産工程における科学の応用や土地の計画的利用とともに、労働過程の協業を広げ、労働の社会的結合を飛躍的に促進します。『資本論』は資本の集中によって、利益を独占する大資本家の数が減少するにつれて、「貧困、抑圧、隷属、堕落、搾取の総量は増大するが、しかしまた、絶えず膨張するところの、資本主義的生産過程そのものの機構によって訓練され結合され組織される労働者階級の反抗もまた増大する。」(邦訳新版、第 4 分冊、1332 頁)と述べています。資本蓄積過程は二つの側面を持っているのです。

同書は、合理化による労働強化の深化、コンピューター導入による神経的緊張の増大、ひたすら計器の数値を監視する孤独労働の増大、「モノを創る」喜びからの遮断など、労働生産性の追求がディーセント・ワークとは対極のすがたをもたらすことを克明に記録しています。これらの大企業の労資協調主義の労働組合は抵抗することを放棄し、労働生産性向上運動を推進する側に回っている実態が描かれています。資本の労働強化に批判的な左派の労働者に対しては会社と労働組合による暴力を伴う嫌がらせが横行していました。高度成長過程の労働現場はけっして明るい、ハッピーな面だけではありません。陰湿ないじめや差別を伴ったものでした。今日、労働生産性の向上をめざすことは当然であるかのような論調が使用者のみならず労働組合、マスコミにも見られますが、一度立ち止まって斎藤氏のこの著作を読み直してみてはいかがでしょうか。

（2）失業・不安定就労と貧困研究

15年ほど前になりますが、「貧困研究会」[16]の機関誌『貧困研究』（第3号、2009年10月）に原稿を執筆する機会がありました（伍賀2009）。以下はその一部に加筆したものです。

1　派遣切りにあった人びと ― 貧困研究の視角にかかわって

NHK総合テレビのドキュメント「働きたいんや――大阪・雇用促進住宅の200日」（2009年8月12日放送）は、2008年秋から09年春にかけて「派遣切り」、「非正規切り」にあった30代～40代の元派遣労働者らが再就職をめざして苦闘する日々を描いた出色の作品でした。おもに登場するのは、仕事と同時に住居を失った非正規労働者用に政府が貸与した雇用促進住宅（大阪府松原市）に住むUさん、Oさんらです。そこには失業がもた

---

[16] 貧困研究会は「貧困」に関する調査・研究を目的として2007年12月に発足しました。

らす貧困、派遣という働き方の問題性、再就職の困難などが凝縮されていました。

　このドキュメントは、第一に失業は貧困そのものであることを示しています。Ｕさん（40歳）は失業給付で、Ｏさん（33歳）は失業給付が切れたため生活保護で生活を維持しています。Ｕさんが派遣切りによって仕事と住まいを失ったのは2009年1月、仕事が見つからず1か月で所持金を使い果たし、雇用促進住宅に入るまで路上生活を余儀なくされました。Ｏさんは2年間派遣社員として働いていましたが、08年10月、突然の派遣切りによって、仕事や住まいだけでなく、結婚を約束していた人も、最後には食べるものも失いました。10代で両親をなくしたＯさんは「これまで一人で生きてきたので人一倍家庭がほしい。早く結婚して、早く子供がほしい。それをかなえるために正社員になって安定した収入がほしい。いつ現実になるのか、ひょっとしたら一生、そんな時間がこないのではないか」と胸の内を語っていました。失業は人としてのごくあたりまえの希望を奪っているのです。

　日本では失業しても失業給付を受けられない人びとが多数存在しています。完全失業者に占める失業給付受給者の割合は近年2割台にまで低下し、また、非正規雇用のなかで雇用保険未加入者の比率は6割近くにのぼります。蓄えがない場合、たちまち生活が行き詰まることは目に見えています。失業給付を受給できたとしてもその期間には限りがあります。最長でも360日[17]、西欧の福祉国家諸国のレベルにはるかに及びません。Ｏさんは失業給付が切れた後、生活保護を受けることができましたが、全国各地にはそれもかなわずホームレス状態になった派遣切りや非正規切りの被災者が少なからずいるのです。失業は人びとから働く権利と生活の基盤を奪うという点で貧困そのものですが、同時に、住居の喪失や家族の解体、生命の危機をもたらす要因でもあります。

---

[17] 45歳～65歳未満の障がい者などの就職困難者の場合は「求職者給付の基本手当」（いわゆる失業給付）の受給期間は最長で360日です。

第二に、NHKのドキュメントは派遣労働という働き方・働かせ方がかかえる問題を鮮明に示していました。雇用調整が容易であるという派遣労働の特徴を、派遣先企業は今回の不況に際してフルに活用したのです。次の仕事を探す時間的余裕をまったく与えないまま、解雇や雇い止めが突然労働者を襲いました。

　Uさん、Oさんともに派遣社員として数多くの仕事を経験していました。再就職の面接の際、職務経歴書にその経験を詳細に記載したにもかかわらず求人企業の担当者はほとんど見ようとしません。派遣という働き方にたいして、「技能をそれほど必要としない単純労働」という先入観があるためでしょう。Oさんはこれまでパソコン操作など基本的技能を身につけるチャンスがありませんでした。製造ラインの派遣労働者はCAD、CAMなどの高技能の仕事とも無縁でした。このことは再就職のハードルをより厳しくしています。Uさんはフォークリフトの運転免許をもっているけれど年齢のカベもあって正社員はもとより、アルバイトの選考からも落とされています。

　Uさん、Oさんともにかつて正社員の仕事についていたこともあるのですが、それぞれの事情でそこを辞めて派遣社員になりました。たしかに非正規の職を選択したのはUさんら自身ではあります。しかし、いま現在の状態はそうした自己選択の結果、つまり自己責任として片づけられるでしょうか。今日の日本にはパートやアルバイト、派遣労働、請負、さらに個人事業主などさまざまな非正規雇用を生み出す経済的仕組みがつくられています。仮にUさんやOさんが正社員に踏みとどまっていたとしても、代わりにXさん、Yさんがそこに誘導されていたでしょう。どのような人びとが非正規雇用になるのか、派遣切りにあいやすいか、あるいは非正規雇用から脱出できないのはどのような人かなど、個人的特性（生活態度や日常行動などの特徴）を明らかにすることが貧困研究の最重要課題ではないでしょう。なぜならば、個々人の特性のゆえに非正規雇用が大量に形成され、派遣切りが行われたのではないからです。雇用・失業の視点からの

貧困研究が課題とすべきは、貧困現象それ自体の考察にとどまることなく、失業や非正規雇用を生み出す装置そのものを明らかにすること、そうした仕組みの転換を図る道筋を示すことではないでしょうか。

このような問題提起に対して、すぐに予想されるのは、貧困を失業や不安定就業問題に収斂させているのではないかという批判です。しかし、上述のとおり、失業と貧困とは分かちがたく結びついており、両者を分離することで得られるものは少なく、むしろ失うものが大きいと考えます。

2　雇用と失業の中間形態 ─ 失業問題を潜在化する仕組み

雇用・失業に関して、日本がドイツやフランスなど西欧の福祉国家と異なるのは、「相対的に低い失業率、高い不安定就業比率、高い相対的貧困率」という点です。失業率が低いということは日本の失業状況が西欧諸国に比較して、よりましであることを意味しません。日本では「失業する権利」あるいは「失業する自由」が保障されていないため、たとえ劣悪な条件の仕事であってもそこで働くほか生きるすべがないのです。「失業する自由」がないことは非正規・不安定就業が膨大な規模で形成される基盤です[18]。

非正規雇用の大半は働いている限りでは「労働力調査」の完全失業者にカウントされません。1日単位で雇用と失業を繰り返す日雇い派遣、2～3週間程度の短期雇用、3か月～6か月の期間従業員、1日4時間しか働けないため複数のパートをかけもちしている人など、非正規雇用は多様です。近年では1時間単位で働く「スキマバイト」(スポットワーク) という日雇い派遣ならぬ「時間雇い派遣」も広がっています (第3部Ⅴ参照)。雇用の安定性や賃金水準、それに社会保険の適用状況などから見て正規雇用に近い層から、顕在的失業者 (完全失業者) に近い層まで広がりを見せています。他方、正規雇用のなかにも「名ばかり正社員」のように実態は正

---

[18]　都留 (2009) もフランスの「高い失業率と低い貧困率の背景」、「失業の権利」について考察した示唆に富む論考です。

社員とは言えない人たちも存在しています。このため正規雇用と非正規雇用（不安定就業）との境界は明確でなく、また非正規雇用と失業との境界も鮮明に区分できません（前掲、図2-2-1）。この点は「Ⅱ失業と半失業」でも述べたとおりです。

このように、日本では雇用と失業の中間に膨大な不安定就業層のプールが形成され、そこに顕在的失業者を吸収することで完全失業率を低位に抑える仕組みが作られているのです。これは失業問題を潜在化する仕組みにもなっています。

3　失業の潜在化への対応

このような「雇用と失業の中間形態」を除去し、「失業者」と「就業者」の区分を明確にし、前者には失業保障を、後者には自立した生活が可能な労働条件の確保を行うのか、それとも不安定就業のプールを活用することで顕在的失業者を縮小するとともに労働コストの切り下げを実現するのかによってその社会のありようが分かれます。戦後の西欧の福祉国家諸国は前者を志向してきました。実際の水準には差があるにせよ、失業給付や生活保障制度を整備することで、「失業する権利」あるいは「失業する自由」をある程度は認める社会でした。その機会を活用して職業訓練を受けたり、自分に最適の仕事を探すゆとりを確保できます。これに対し、新自由主義原理に依拠して戦後福祉国家の解体を展望する陣営は不安定就業を積極的に活用することで、顕在的失業を潜在化する政策を提起しました。それゆえ失業率が低いことは必ずしも失業問題の改善を意味するものではありません。不安定就業問題にどのように向き合うのかは、その社会が福祉国家を志向するのか否かを示すメルクマールの一つとなっています。

この点にかかわって触れておきたいのは、1950年代半ばの日本で、膨大な「不完全就業」によって失業が潜在化していることが問題視され、事態の改善をめざす動きがあったことです。当時、この問題は経済の二重構造、労働市場の二重構造との関連で議論されました。日本経済や労働市場

Ⅲ　貧困研究に「労働」をとりもどす

は前近代的性格を色濃く残しており、労働市場の下層には「不完全就業」を含む「潜在失業」が広汎に広がっている。就業している限り完全失業率には反映されないが、それは失業問題の解決とはほど遠く、失業問題の潜在化にほかならない。まずは失業者と就業者との区別を明確にしたうえで、失業者対策を講ずることが重要である、という認識でした。

　これはまた、「福祉国家」を展望する議論とも関わっていました。たとえば、『厚生白書』（1957年版）は、「わが国貧困の主なる比重は、不完全就業の反映としての低所得と、就業能力喪失の反映としての低所得によって占められており、したがってその対策も、最低賃金制を含む完全雇用と社会保障の達成以外にはありえないことが明らかであるといわねばならない」と提起しています。また、1960年版の『厚生白書』は副題に「福祉国家への道」を掲げて貧困に関わって以下のように述べています。

　「……福祉国家を追求している国々の当面の目標は、国の積極的な施策による貧困の追放にあることはほぼ疑いのないところである。これらの国家においては、経済の極端な自由放任によってもたらされた大量の貧困の発生が、人間の自由と平等を単なる形がいに終わらせるに至った経験にかんがみて、自由経済の体制を尊重しつつ、貧困を追放することこそ、人間の自由と平等を名実ともに保障するゆえんであり、このことをもって国家に課せられた新しい責務であると認識しているのである。」

　このように潜在的失業を除去し、完全雇用と社会保障制度を確立することは、福祉国家建設の課題とも密接に関わっていました。1950年代末から60年代初頭までは福祉国家をめざす潮流が保守派のなかにもあったことの反映です。もちろん、これは東西冷戦構造のもとで、ソ連や中国など旧社会主義陣営への対抗上、打ち出した政策であるのですが。こうした動向を、非正規・不安定就業の積極的活用を進めてきた90年代末以降の新自由主義にもとづく規制緩和・構造改革政策と対比するならば、その差異は際だっています。

（3）不安定就業階層への着目

　福祉国家を展望したこうした政策は 1960 年代の高度成長のなかで次第に後景に退き、60 年代末には輸出主導の経済大国をめざす政策にとって代わられました。労働運動では民間大企業を中心に労資協調的企業主義の潮流が主流を占めるようになりました。高度成長が終焉した 1970 年代初頭には公害や都市問題という「現代的貧困」に関心が移り（宮本 1976）、労働分野の貧困問題の解決への社会的関心は後退しました。しかし、「失業と貧困」が解決したわけでは決してありません。1950 年代の政府の審議会などで解消すべき雇用形態と考えられていた社外工は依然として大きな比重を占めており、そればかりか、輸出主導型経済大国の道を選択した日本経済にとって不可欠の位置すら占めるようになっていました。

　こうした状況のもとで、1970 年代から 90 年代にかけて、マルクスの相対的過剰人口（産業予備軍）論をベースにおいて、社会階層（低所得層＝不安定就業層）分析の視点から貧困の存在を探求してきたのが江口英一氏、加藤佑治氏らでした（江口 1979・1980、加藤 1991、江口・川上 2009）。貧困は個々人の個人的特性に由来するものではなく、経済機構のなかで形成され、社会階層として存在していることを実証研究によって明らかにしたのです。失業と貧困に対する人びとの関心が後退し、豊かな消費生活の実現へ関心が移った時代に、「低所得階層」の比重が全階層の 20％をはるかに上回る事実（1972 年実施の東京都中野区における調査）を示したことは注目すべきことです（江口・川上 2009）。

　江口氏らの研究は後に NHK 総合テレビでも取り上げられています（「戦後史証言プロジェクト ― 日本人は何をめざしてきたのか、未来への選択 ― 第 4 回 格差と貧困 ― 豊かさを求めた果てに」2015 年 7 月 25 日放送）。高度成長期に全国から東京や大阪の大都市をめざして労働者が集中しました。江口氏や川上昌子氏らは東京・山谷地区に集まった日雇い労働者 1153 名に面接調査を行い、克明な記録を作成しています。酒ビンを片手にたき火に集

まった労働者一人ひとりに聞き取りを行いました。今日の調査の多くはアンケート会社に登録した Web 調査対象者に対してオンラインで行う方法が主流になっていますが、それとはまったく異なる調査スタイルでした。先に取りあげた『失業者――カンテラは消えず』と同じく、貧困調査の王道とでも言うべきでしょう。

　江口氏の貧困研究の集大成は『現代の「低所得層」（上・中・下）』（未来社、1979 年、80 年）に結実しています。しかし、今日の貧困論のなかで、江口氏や加藤氏らの不安定就業階層と貧困の関わりを重視する研究を軽視あるいは無視する風潮があるのは大変残念なことです。いわば貧困研究の本流から「労働や失業問題」を脇に追いやるものと言わざるをえません。Ⅰの冒頭で取り上げた河上肇の著作にたとえるならば、『第二貧乏物語』から『貧乏物語』の貧困観に逆戻りするものです。貧困研究に「労働」の視点を取りもどすことを改めて強調したいと思います。

第3部　雇用と働き方の貧困
― 30年間の推移

I　バブル崩壊、高失業社会の出現、労働市場の構造改革

（1）あいつぐ金融機関の破綻、大規模人員削減

　1980年代末から90年代初めまでの数年間、地価や株価は上昇し続けました。地価や株価は下がることはないという根拠のない「神話」が広がり、モノづくり企業までも不動産投資や証券投資で目先の利益を追い求めました。バブル経済の出現です。ところが、90年代に入って局面は一転し、地価や株価は急落しました。土地を担保に企業や個人に多額の融資をしてきた金融機関はバブル崩壊によって、返済されるメドのない大量の不良債権を抱えることとなりました。

　経営危機に陥った金融機関を救済するため、巨額の公的資金が主要な都銀をはじめ金融機関につぎ込まれました。それでも危機を脱することができなかった三洋証券、山一証券、北海道拓殖銀行などは倒産に追い込まれました。大手銀行は公的資金の注入とひきかえに労働者の人員削減が求められ、大規模なリストラを行いました。当時の大手銀行10行では1999年3月末から2000年3月までの1年間に合計で従業員数の約4％にあたる5848人を削減しました。このうち最も削減数が大きかったのがさくら銀行（三井住友銀行の前身の一つ）です。従業員の約1割、1400人（総合職1100人、一般職300人）を採用抑制や転職支援制度、関係会社への転籍で削減しています（「朝日新聞」2000年6月13日付）。

　都銀よりも一足早く、阪和銀行（和歌山市）は96年11月に経営破綻によって倒産しました。バブル期に過剰な不動産融資に走った結果、大蔵省（現在、財務省）から業務停止命令を受け、行員約850人が失業に追い込まれたのです。そのうちの一人は次のように語っています。

I　バブル崩壊、高失業社会の出現、労働市場の構造改革

図3-1-1　完全失業者・完全失業率の推移

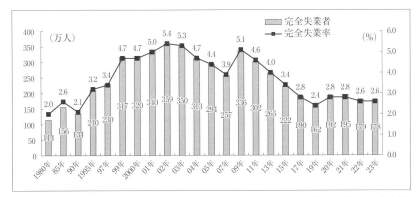

（注）2011年は東日本大震災のため、岩手県・宮城県・福島県は調査が一時実施できなかったため、推計値である。
（出所）「労働力調査（基本集計）」2022年、長期時系列表2をもとに作成。

「銀行員は定年まで働けると思って人生設計してきた。うちの経営が厳しいことは感じていたが、こうあっさり崩れるとは思わなかった」（「朝日新聞」1997年2月22日付）。

リストラは金融機関にとどまらず製造業など全産業におよびました。98年2月から2000年2月までの2年間で実に164万人の正社員が減った一方、非正規雇用は100万人増加しています（「労働力調査特別調査」）。正規雇用から非正規雇用への置き換えが進むとともに、顕在的失業者も大幅に増えています。「労調」が示す完全失業者（年平均）は90年から99年にかけて134万人から317万人へ2.4倍に、完全失業率は2.1％から4.7％に上昇しました。とくに、橋本政権による消費税引き上げ（3％から5％へ）も重なって消費不況が深刻化した97年以降の2年間で、完全失業者は230万人から317万人へ、90万人近く増加しました（**図3-1-1**）。

21世紀に入ってからも金融機関の人員削減は続きました。帝国データバンクの銀行126行の従業員動向調査によれば、2003年3月末の銀行従業員数は約29万6700人で、前年比約1万7100人の減少です。商社や百

貨店でも大型店舗の閉鎖が相次ぎました。

　大量リストラは製造業も例外ではありませんでした。なかでも仏ルノー社からカルロス・ゴーンが乗り込んで強行した日産自動車の大リストラ策は苛烈をきわめました。1999年10月18日、ゴーン社長が発表した「リバイバルプラン」と名づけられた経営再建策は主力の村山工場（東京都武蔵村山市）を含む4工場の閉鎖と従業員2万1000人の削減、さらに下請けの部品メーカーを半減させ、保有する1394社の株式を売却して系列を解体するというものでした。この大リストラを断行した結果、日産はV字回復を達成、1998年に2兆円あった有利子負債は2003年に完済し、国内シェアは約12％から20％近くへと拡大したといいます。この裏面では多数の労働者や下請けメーカーが多大な犠牲を強いられました（「東京新聞」2006年12月28日付）。

　NECでは今世紀初頭、それまでの主力商品であったパソコン市場の悪化にともない、経営の重点をインターネットに移すため、1万人にのぼる配置転換が実施されました。

（2）正規雇用の削減、非正規労働者の増加

　表3-1-1および図3-1-2のとおり、1997年から2002年までの5年間の雇用の変化はこうしたリストラのすさまじさを示しています。正社員の減少は約400万人に上りました。このうち男性は238万人、女性は161万人の減です。男性正規雇用のリストラの規模の大きさがお分かりでしょう。

　このように正規雇用が削減される一方で、非正規労働者の大量の増加が続きました。5年間の増加数は正規雇用の減少分に近く、360万人余です。非正規労働者の多くはパートタイマーやアルバイトでした。その大半は女性です。97年の女性・非正規雇用923万人のうち、パート、アルバイトは825万人を占めていました。この頃のパートは卸売・小売業に続いて製造業で多く働いていました。しかも、正社員並みに長時間働く人も珍

I　バブル崩壊、高失業社会の出現、労働市場の構造改革

表3-1-1　正規雇用、非正規雇用、非正規比率の推移（1992年→2022年）

(単位：千人、％、ポイント)

		1992年	97年	2002年	07年	12年	17年	22年	1992→2022年
男女計	役員を除く雇用者	48,605	51,147	50,838	53,263	53,538	55,839	57,225	8,620
	正規雇用	38,062	38,542	34,557	34,324	33,110	34,514	36,115	−1,947
	非正規雇用	10,532	12,590	16,206	18,899	20,427	21,326	21,110	10,578
	非正規率	21.7	24.6	31.9	35.5	38.2	38.2	36.9	15.2
男	役員を除く雇用者	28,971	30,157	29,245	29,735	29,292	29,980	30,040	1,069
	正規雇用	26,100	26,787	24,412	23,799	22,809	23,302	23,398	−2,702
	非正規雇用	2,862	3,358	4,780	5,911	6,483	6,678	6,642	3,780
	非正規率	9.9	11.1	16.3	19.9	22.1	22.3	22.1	12.2
女	役員を除く雇用者	19,634	20,990	21,593	23,528	24,246	25,859	27,185	7,551
	正規雇用	11,962	11,755	10,145	10,526	10,301	11,211	12,717	755
	非正規雇用	7,670	9,231	11,426	12,988	13,945	14,648	14,468	6,798
	非正規率	39.1	44.0	52.9	55.2	57.5	56.6	53.2	14.2

(注1)「正規雇用」と「非正規雇用」を合計しても「役員を除く雇用者」に一致しない場合がある。雇用形態を回答していないケースが含まれているためと考えられる。なお、「役員を除く雇用者」は雇用されている労働者を意味する政府統計の表記である。
(注2)　在学者を含む。
(注3)　非正規率とは「役員を除く雇用者」に占める非正規雇用の比率である。
(出所)「就業構造基本調査」（2022年）主要統計表（参考表）第2表をもとに作成。

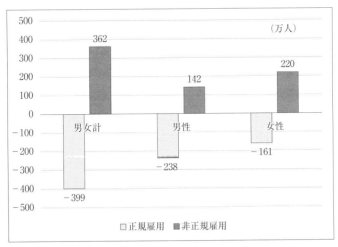

図3-1-2　正規・非正規雇用の増減（1997年→2002年）

(出所)「就業構造基本調査」1997年、2002年より作成。

しくなかったのです。「フルタイムパート」とも呼ばれた、いわば名ばかりパートです。

非正規雇用は自由な働き方か？

　90年代の半ば頃まで、パートやアルバイトに対する見方は家事や育児の空いた時間を活用する働き方で、生活費を得るために働かざるをえない、言わばさしせまった人たちではない（余暇活用型）というものが主流でした。

　若者の非正規労働者に対しては「フリーター」という呼び方がさかんに使われました。当時は「正社員として働けるにもかかわらず、他にやりたいことがあるため、あえて非正規の職を選択した若者」と考えられていました。ところが、90年代末から今世紀にかけて先に触れたような大リストラが行われ、正規雇用に就くことが難しくなる一方、非正規雇用が急増するにつれて、フリーターは不安定雇用の代名詞として使用されるようになりました。

（3）間接雇用（派遣労働、業務請負）の活用

　2001年4月に発足した小泉政権の構造改革路線を貫く基本原理は、国際的な低価格競争が激化するもとで日本企業の競争力の強化をはかることでした。不良債権処理をとおして、それまで十分に手をつけてこなかった建設業・不動産業・流通産業、さらに銀行部門の淘汰・再編を強行したのです。不良債権の処理は、日本の金融システムを再編・強化するためだけではなく、過剰債務をかかえて競争力を失った企業や産業を淘汰することをも目的としていました。

　小泉改革のいま一つの特徴は、不良債権処理とともに「労働市場の構造改革」、「労働分野の規制緩和（規制改革）」をとくに重視し、従来の長期雇用システムの転換や雇用の弾力化・流動化を強く打ち出しました。グ

I バブル崩壊、高失業社会の出現、労働市場の構造改革

ローバル経済下の低価格競争にうちかつために、これまでの雇用構造や労働者保護のあり方（労働基準）が「改革」すべき主要な対象とされました。派遣労働者などの非正規雇用の拡大、有期雇用契約期間の上限延長、裁量労働制の適用範囲の拡大、解雇を容易にするルールの制定など、雇用と労働のあり方を根本から転換することで「高コスト構造」を改め、日本の競争力の強化をめざすという構想です。

構造改革の推進を主張する論者は、不良債権処理などによって生じる離職者を吸収する場として、派遣労働者などの非正規雇用を活用することを期待しました。その象徴が次にみるように、一連の労働者派遣法改正です。特に 2003 年の法改正が大きな影響を及ぼしています（伍賀 2013：44〜45 頁）。

労働者派遣法の規制緩和

90 年代半ばから今世紀初頭にかけて、正社員の削減と、他方での非正規雇用の増加を推進するように、労働法制の規制緩和が相次ぎました。表 3-1-1 で示した雇用形態激変の背景にはこうした政府の規制緩和政策があります。その象徴が労働者派遣法の規制緩和です。そこで、この派遣法の変遷について詳しく見ておきましょう（表 3-1-2）。

派遣法制定当時（1985 年、施行は 86 年）、派遣労働の対象業務は 13 業務に限られていましたが、翌年には 16 業務に拡大されました。当初、派遣労働は専門職に限定して容認するという建前から「専門的業務」とされていました。ただし、このなかには「ファイリング」（事務文書の分類整理保管）やワープロ・パソコンなどの「事務用機器操作」のように、専門性が疑われる業務も含まれていました。また、派遣先が派遣労働を利用できる期間（派遣期間）は 9 か月または 1 年に限られていました。長期間利用するのであれば、派遣先企業が直接雇用すべきという原則に基づいていたからです。これはきわめて当たり前なことでしたが、90 年代に入ると規制緩和推進政策によってこうした原則が次つぎに崩されていきました。

表 3-1-2 労働者派遣法の規制緩和の推移

1985 年	労働者派遣法成立（85 年 7 月公布、86 年 7 月施行） 対象業務(当初 13、86 年 10 月に 3 業務追加し、16 業務に拡大)、同一派遣先への派遣期間を 1 年に制限
1996 年	派遣法改正（96 年 6 月、同 12 月施行／派遣対象業務を 26 業務に拡大）
1999 年	派遣法改正（99 年 7 月公布、同 12 月施行）派遣対象業務の原則自由化
2003 年	派遣法改正（2003 年 6 月公布、04 年 3 月施行）製造業務への派遣解禁→男性派遣労働者の急増
2008 年暮れ～09 年	派遣切り、「年越し派遣村」の運動
2012 年	民主党政権：派遣法改正（一部規制強化）
2015 年	安倍政権、派遣法改正：対象業務区分の廃止、派遣先が派遣を利用できる期間制限を事実上撤廃

　この背景には、日経連[1]の「新時代の『日本的経営』」（1995 年）という文書に示されているように、財界の雇用に関する基本戦略があります。この文書のなかで、日経連は日本の労働者を、①企業経営の中枢の基幹業務を担う「長期蓄積能力活用型」グループ、②専門・技術的業務を担当する「高度専門能力活用型」グループ、③その他の一般的事務的業務を担う「雇用柔軟型」グループの三つに区分し、従来の日本型雇用の特徴であった長期雇用の対象は①に限定、②は有期雇用契約の契約社員を、③はパート・アルバイトや派遣労働者を活用するという雇用戦略を打ち出しました。派遣労働者は雇用柔軟化あるいは雇用の弾力化を実現するうえで不可欠の役割を期待されたのです。

　このような財界の方針を受けて、政府は労働者派遣事業の規制緩和を徐々に進めました。一つは派遣対象業務の拡大で、いま一つは派遣期間の延長です。表 3-1-2 のとおり、1996 年には派遣法改正により、派遣の対象

---

[1] 「日本経営者団体連盟」の略称。2002 年に日経連は経済団体連合会（経団連）と合併し、日本経済団体連合会（略称、日本経団連）になりました。

業務が 16 から 26 業務に拡大されました。大きな変化は 1999 年の派遣法改正によって生じました。それまでは労働者派遣事業は原則禁止で、指定された業務に限定して許可するという「ポジティブリスト方式」でしたが、この法改正によって派遣という働かせ方は原則自由とし、特定の業務のみ禁止するという「ネガティブリスト方式」に大転換されたのです。派遣先企業が派遣労働を利用できる期間は、原則 1 年に、従来からの派遣対象として許可されていた 26 業務については上限 3 年に延長されました。

この時に、禁止された業務は建設、港湾運送、警備業務です。また政令で医療および製造の業務も当分の間禁止とされました。

派遣対象業務の原則自由化という大転換は日本の雇用のあり方を大きく変えるものでした。企業が労働者を必要とする場合、通常は労働者を雇い入れるのですが、そうはしないで、他企業からレンタルして利用するという手法、これが派遣労働という仕組みです。不要となれば、いつでもレンタル契約を解約すればよいので、利用企業（派遣先企業）にとっては大変好都合です。雇用調整が容易で、使用者（雇用主）としての責任の大半を負う必要がないからです（労働者の安全配慮やハラスメント防止措置などを除く）。このような雇用方法が拡大すれば、従来の雇用のあり方、つまり直接雇用という原則は根底からくつがえされることになります。

労働組合は派遣法改正反対の運動を強めました。1985 年の労働者派遣法制定時に政府の審議会などで推進役を担った高梨昌氏（当時、信州大学教授）までも、99 年の派遣法改正に対しては異議を唱えるようになりました。

しかし、90 年代後半以降の失業者の増加のもと、労働法制を緩和することで雇用機会が拡大できるという新自由主義論者の主張はこうした異論を封じ込めてしまいました。これには労働者派遣事業や有料職業紹介事業に対する ILO の方針転換も影響しています。ILO は 96 号条約（1947 年採択）でこれらの事業を原則禁止していたのですが、97 年に同条約の代わりに、対象労働者の保護をはかる措置を前提にこれらを容認するとした民

間職業仲介事業所条約（181号）を新たに採択しました。労働法制の規制緩和をめざしていた日本政府は99年にこの新条約をさっそく批准しました。日本はILO1号条約（1日8時間・1週48時間労働）をはじめ労働時間関係のILO条約を今なお批准していないのですが、181号条約は異例の早さでの批准でした。政府は181号条約を錦の御旗にかかげて、99年の派遣法改正を推し進めたのです。

　労働者派遣事業の規制緩和はこれにとどまりません。2003年には派遣法をまたもや改正し、ネガティブリストで禁止対象となっていた「物の製造の業務」を解禁しました（施行は2004年3月）。これによって工場の製造現場において派遣労働者の利用が可能となったのです。この時の派遣期間は1年までとされましたが、07年からは上限3年に延長されます。

　工場における派遣労働の解禁によって、派遣労働者の構成が大きく変わりました。これまで派遣労働者の多くは事務職場で働く女性労働者でしたが、この法改正により工場で働く男性の派遣労働者が急増したのです。

業務請負という働かせ方

　ここで急いで追加しなければならないことがあります。それは製造工程における派遣労働という働かせ方が解禁されたにもかかわらず、あえて派遣ではなく、「業務請負」という形態の利用にこだわる経営者が大企業でも多数あったのです。派遣労働の場合、派遣先企業の責任がある程度生じることに加えて、何よりも派遣労働を利用できる期間が製造業務では上限1年（07年以降は3年）に制限されていたからです。2006年7月31日付の「朝日新聞」は、キヤノン、日立、パナソニックなど日本を代表するメーカーで違法な偽装請負が横行しているとの告発記事を掲載し、大きな社会問題となりました。

　業務請負の場合、発注企業（ユーザー、派遣労働の場合の派遣先に該当）は請負業者による業務の遂行と完成を注文したのであって請負業者から送られてくる労働者にたいしてユーザー（派遣先）の社員が直接指揮命令す

ることは労働者供給事業にあたるため禁止されています。そこでの作業の指揮は請負業者のリーダーによって行われなければなりません。しかし、実際にはユーザーの社員が指揮している違法ケース（偽装請負）も多数見られました。請負業者の多くはユーザーに人材を供給している仲介業者です。これは労働者派遣法にも、また労働者供給事業を禁止している職業安定法の両方に違反しています。職業安定法に違反して労働者供給事業を利用していればユーザー（供給先）も罰せられることになります。

このような偽装請負の多用にたいして、裁判で争われた多くの事件において、裁判所は派遣法に違反するとの見解を示したものの、職業安定法違反とは判断しませんでした[2]。派遣法違反では派遣元のみが処罰の対象となりますが、派遣先はおとがめなしという扱いです。

偽装請負は日本を代表する大手企業が採用していた人事労務管理の手法でした。業務請負であれば、派遣労働のような利用期間の制限なしに利用できるからです。先述のとおり、派遣先（発注企業）は請負労働者を指揮命令することは禁止されていますが、それにもかかわらず、実際には発注企業の社員が指揮して働かせる事例が相次ぎました。

政府統計の未整備のため業務請負の実態を正確に把握することは容易ではありません。90年代後半以降、請負業者の数は急ピッチで増えており、今世紀初頭には全国で1万社、そこをとおして働く労働者は100万人を超えると言われていましたが、実際はそれよりもはるかに多かったのではないかと考えられます。私の試算では派遣や業務請負など、2006年当時、間接雇用形態で働いていた労働者はおよそ300万人に上ったと考えられます（伍賀2007）。日本を代表する大企業を含め[3]、正社員を極力減らすかわりに人材仲介業者によって「リースされた労働力」を活用するやり方は

---

[2] 偽装請負のような違法派遣であって、派遣元と派遣労働者が形式的にせよ雇用関係がある限りは労働者派遣事業であると解釈して、職業安定法違反を問題にしなかったのです。職業安定法違反であれば、ユーザー（派遣先、あるいは注文企業）も処罰の対象となるのですが、派遣法違反の場合、違法派遣を利用したユーザー（派遣先）を罰する条文はないため、逃れることができるのです。職安法と派遣法の関係については萬井（2017）を参照ください。

2000年代日本の製造現場のいわば標準となったといってよいでしょう。ユーザーは業務量の増減に対応して雇用調整を容易にでき、雇用主としての責任を負うこともなく、しかも経費が割安なため、定型的で技能をそれほど必要としない業務については請負労働者を活用することが当たり前となっていました。2000年代には製造業の求人の多くは業務請負業者からのものでした。

（4）失業者としてとどまることを制限する措置
― 半失業化政策

　今世紀初頭に強行された雇用保険制度の失業給付の切り下げもまた、非正規雇用・半失業増加にとって大きな役割を果たしました。厚生労働省（以下、厚労省と略）は雇用保険法の2000年改正で離職理由（倒産・解雇による離職か、自己都合等による離職か）によって失業給付の所定給付日数に格差を設ける措置を導入しましたが、03年の法改正では失業給付の給付率「6割〜8割」を「5割〜8割」とし、基本手当日額の上限額を引き下げました。また、再就職手当の名称を就業促進手当に変更し、従来、1年を超える常用雇用に再就職した場合にのみ支給していた再就職手当を、常用以外の職にも拡大したのです。これらは、離職失業者の生活保障を切り下げ、非正規・短期雇用へ誘導する措置でした。

　2003年に、雇用保険法・労働者派遣法・職業安定法（民営職業紹介事業の規制緩和）・労働基準法（有期労働契約の上限を3年に延長）の改正がセットに行われたことに着目したいと思います。

　リストラによって離職した労働者は失業期間中の生活を保障されつつ、自分にふさわしい職業を探したり、職業訓練を受けるなどのゆとりなく、

---

[3] 「ソニーが生産部門を分社したソニーEMCSの正社員は1万3000人。これに対し請負社員は閑散期で7000人、繁忙期には1万2000人に膨れ上がり、正社員と肩を並べる。キヤノンもグループ全体で1万6000人の請負社員を使っている」（「日経産業新聞」2004年4月14日付）。

とりあえず目の前にある求人に飛びつかざるをえない状態に追い込まれたのです。

　この結果、完全失業者の増加ないし高止まり状態に対して雇用保険受給者実人員数は減少するという異常な事態が出現しました。2002年から03年にかけて完全失業者数はほとんど減少していないにもかかわらず、受給者数は109.5万人から88.9万人に20万人余減少したのです。完全失業者に占める雇用保険受給者実人員の比率を見ると、90年代は3割から4割近くを推移していましたが、2003年に25.4％になって以降、2割台前半にはりついています。非正規労働者は2002年から07年にかけて1600万人から約1900万人へ300万人も一気に増加しました（表3-1-1）。政策当事者の意図した、失業時保障の切り下げによる顕在的失業者の半失業状態への誘導が見事に「成功」したといえるでしょう。半失業状態ではまともな生活を持続できず、生活保護受給者に移行する人びとも少なくありません（伍賀 2013：45～47頁）。

　こうして日本社会はバブル経済崩壊後の高失業社会を経て2000年代にワーキングプアの時代を迎えました。90年代末から今世紀初頭にかけて、高失業社会をワーキングプアが数多く存在する社会に切り替える政策が組み合わされて実施された結果です。つまり、①派遣法の改正による労働者派遣事業の規制緩和と、②雇用保険制度改正による失業時生活保障の縮小のセットです。これらは日本を賃金の上昇しない国に変えた大きな要因と言わなければなりません。この点はⅡでも触れたいと思います。

II　ワーキングプアの時代

（1）「ワーキングプア」の社会問題化、それを生み出した経済構造

　「ワーキングプア」とは、「働いているにもかかわらず貧しい人びと」という意味です。戦後日本の貧困研究をリードした江口英一氏は1979年刊行の『現代の「低所得層」』（上巻、未来社）のなかで「ワーキングプア」という言葉を使用していますが、今世紀になるまで日本ではほとんど用いられませんでした。「一生懸命働いていればそれなりの生活はできる」、「ぜいたくさえしなければそこそこ安定した暮らしができる」と多くの人が考え、ある程度はこのことがあてはまったからでしょう。1960年代後半から80年代にかけて「一億総中流」という言葉が日本社会を覆っていました。実はその背後で多様な貧困が広がっていたのですが、特定の限られた地域や階層の問題とされていました。

　ところが、バブル経済が崩壊して以降、とりわけ90年代後半になるとこうした状態にほころびが生じてきました。一生懸命頑張って仕事をしているのだけれどもなかなか豊かになれない、それどころか日々の生活にも事欠く人たちが増えてきました。今世紀にはいると、隠れていた貧困の諸相がジワジワと表面に浮かび上がり、いよいよ誰の目にもそのことがはっきりと見えるようになったのです。

　このようなワーキングプア、働いているにもかかわらず貧しい人たちの拡大について、「本人の自己責任」という考えが根強くあります。一生懸命勉強しなかったから、いわゆる「良い学校」にも行けず、そのため不安定な仕事しか就けないのではないかという見方や、派遣社員で働いている

のは、そこから脱出する努力をしなかった本人のせいだという自己責任論が、絶えず登場しています。今でも繰り返し流されています。

　2006年の秋、「ワーキングプア」という言葉が注目されていた頃ですが、私は勤務していた大学の「出前授業」で、ある高校2年生のクラスに行きました。本書で述べたような雇用の変化、ワーキングプア形成の要因と就労の実態、格差と貧困を打開するための政策課題などについて話をしました。生徒は真剣に聞いてくれていたようでした。討論時間に移ったところ、教室にいた教科担任の先生が最初に口火を切りました。少し不満げな様子で、「高校生のいま、一生懸命勉強していい大学に合格しなければ君たちもワーキングプアの仲間入りをするのだということをもっとはっきりとおっしゃって下さい」と私に言うのです。私が授業のなかで、「ワーキングプアは本人の努力が不足していた結果ではない」と話したのが気に入らなかったようです。そして生徒に向かってこう言うのです。

　「いま辛抱して少しでもよい大学に行かなければワーキングプアになる確率がそれだけ高くなるということをしっかり受けとめなさい。」

　先生の語気の強さに圧倒されて生徒は黙ってしまいました。

　同じようなことは市民向けの公開講座でもありました。講座終了後、参加していた中年の女性から「自分の子どもがワーキングプアにならないようにどうすればよいのか教えてほしかったのに、大所高所の話では役立たない」という趣旨のことを言われました。

　個々人の努力でワーキングプアになるか、どうかが決まるのではないこと、経済の仕組みや政策の問題としてワーキングプアを捉えること大事だということを納得してもらうのはそう簡単ではないようです。2000年代はワーキングプアの実態を積極的に取り上げた優れたテレビ番組が多かったこともあって、関心は大変高かったのですが、自分の努力次第でワーキングプアや非正規雇用に陥るかどうかが決まるのだという受けとめをする人が多かったように思います。これは人手不足が叫ばれている今日でも同じかもわかりません。

表 3-2-1　ワーキングプア、派遣法改正関連年表

年月	区分	出来事
1995 年	大リストラ、就職氷河期	日経連『新時代の「日本的経営」』
1996 年		橋本政権
1997 年		「構造改革」、消費税 5％へ
1998 年 7 月		小渕政権
2000 年 4 月		森政権
2001 年 4 月		小泉政権　→　不良債権処理
2002 年	↑	構造改革、規制緩和政策の推進（派遣法改正　→　製造業務への派遣解禁など）
2006 年 7 月		NHK「ワーキングプアⅠ」放送
2006 年 9 月		第 1 次安倍政権
2006 年 12 月	「いざなみ景気」	NHK「ワーキングプアⅡ」
2007 年 2 月		日本テレビ「ネットカフェ難民」
		日雇い派遣、社会問題に
2007 年 12 月	↓	NHK「ワーキングプアⅢ」
2008 年 9 月	景気後退	リーマンショック
2008 年 10 月		「派遣切り」
2008 年 12 月～09 年 1 月		「年越し派遣村」（日比谷公園ほか）
2009 年 6 月		民主、社民、国民新党の派遣法改正案、衆院提出
2009 年 8 月		総選挙　→　民主党政権誕生
2010 年 6 月		民主党、派遣法改正案衆院提出
2010 年 7 月		参議院選挙、民主党敗北、ねじれ国会
2011 年 3 月		3.11　大震災
2011 年 11 月		派遣法、民主、自民、公明 3 党修正合意
2012 年 3 月		改正派遣法成立
2012 年 12 月	「人手不足」の中の働かせ方の貧困	総選挙 → 第 2 次安倍政権
		安倍政権、「雇用制度改革」提唱
2015 年 9 月		安倍政権による労働者派遣法改正
2016 年		「働き方改革」が政策の焦点に
2018 年 4 月		労働契約法施行 3 年目
2018 年 6 月		「働き方改革」関連法成立
2018 年 9 月		2015 年派遣法施行 3 年目

さて、**表 3-2-1** は 1995 年から今日まで、およそ 30 年近くのワーキングプアなどに関係する年表です。橋本龍太郎政権の誕生は 1996 年ですが、この頃から日本の経済政策や労働政策の基調に構造改革が位置づけられるようになりました。97 年春の消費税率の引き上げ（3％から 5％へ）もあって、日本経済はこの橋本政権のときに消費不況に陥りました。その後、小渕恵三、森喜朗政権を経て、2001 年春に小泉純一郎政権が誕生します。02 年以降、ようやく景気回復に向かいました。確かに日本経済はこれ以降 2008 年はじめまでの間、日本政府の公式見解では「戦後最長の好景気」（「いざなみ景気」）を迎えます。ただし、この期間の経済成長率は大変低く、労働者・市民の多くは好景気を実感できませんでした。しかもこの好況期に「ワーキングプア」が注目されるなど、通常の好況期とは異なる状況が広がったのです。年表にもあるように、NHK スペシャルが 2006 年 7 月に「ワーキングプア」という特集番組を放送し大きな反響を呼びました。同年 9 月には『週刊東洋経済』が「日本版ワーキングプア」という特集号を出しました。その後、日本テレビも「ネットカフェ難民」（2007 年 2 月）という、都会のネットカフェを転々としながら日雇派遣で働く若者を追ったすぐれた番組を放送するなど、「戦後最長の好況期」にもかかわらず貧困や格差への注目がいわばトレンドになったのです。この点で、2002 年から 07 年の好況期は大変特異な性格だったと言えるでしょう。強調したいことは日本におけるワーキングプアは一時的な不況のせいや、個々人の努力不足で生まれたものではないということです。非正規雇用の増加やワーキングプアは日本経済社会の構造変化と大いに関係しているのです。実はこのことが今日に続く日本社会の困難をもたらしている要因の一つなのです。

　以下では、1990 年代から 2010 年頃までを念頭に、非正規雇用・半失業の堆積、貧困の連鎖について取り上げましょう。

(2) 非正規雇用・半失業の堆積

1 「非正規大国」の出現

　第3部Iで見たとおり、1997年から2017年までの20年間に、男女計で400万人の正規雇用が減少する一方、その倍以上の規模（870万人余）で非正規雇用が増加しました（表3-1-1）。もっとも正規雇用の削減は1997年から2002年にかけての5年間がすさまじかったのですが。

　このような長期にわたる雇用の変化をもたらした基本的要因は、安定した長期雇用システムを崩し、雇用の弾力化と流動化をすすめる労働市場の構造改革にあります。派遣労働や有期雇用の拡大に象徴されるように、「雇用の弾力化」によって、人件費の削減と固定費の変動費化を可能にしました。正社員の場合、企業の都合で解雇することは、整理解雇をめぐる裁判の判例で積み重ねられた「整理解雇の四要件」[4]もあって容易ではありませんが、派遣労働を利用すれば、派遣先企業の経営の都合にあわせて派遣会社との労働者派遣契約を終了することで派遣労働者の削減ができるとされているからです。

　「雇用の流動化」は、成長産業や新規事業への労働移動がスムーズに行われるように、解雇規制の緩和などを意味します。それゆえ労働市場の構造改革がもたらす非正規雇用の増加は雇用の不安定化と密接に結びついています。先に取り上げた日経連の「新時代の『日本的経営』」（1995年）の雇用戦略が描いたとおりに貫徹しました。

　橋本政権（1996年～98年）に始まる一連の構造改革政策によって、大企業の男性正社員を対象としていた日本型長期雇用は大きく揺らぎました。とりわけ97年から2002年までの5年間の男性労働者の変容は劇的で

---

[4] 次の四つの要件を満たさない解雇は解雇権の濫用にあたり無効とされています。①人員削減をしなければならない必要性があること、②使用者が整理解雇を回避するための努力義務を果たしていること、③解雇の対象となる労働者の選定が妥当であること、④整理解雇の実施手続きに合理性があること（使用者は労働組合または労働者に説明し、協議していること）などです。

図 3-2-1　年齢別完全失業率の推移（1990 年〜 2012 年）

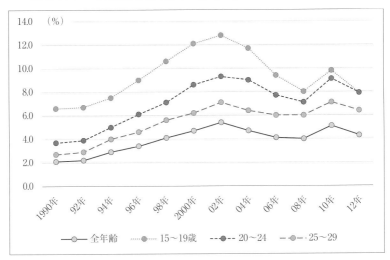

（出所）「労働力調査（基本集計）」長期時系列表 3 - 4 表より作成。

す。わずか 5 年の間に正規雇用が 238 万人減少した一方で非正規雇用は 142 万人増加しました。女性も同様ですが、正規雇用の減少幅は男性がはるかに大きかったのです（前掲、図 3-1-2）。

　バブル経済崩壊後、不良債権をかかえて経営がゆきづまった企業は中高年労働者の大量リストラや新規学卒者の採用抑制を強めました。この時期に高校や大学を卒業した若者は厳しい就職難に見舞われ、90 年代末から今世紀初頭にかけての若者の完全失業率は急上昇しました（図 3-2-1）。多くの若者が正社員になることを希望したのですがかなわず、やむなく非正規の職につく人たちが続出しました。「就職氷河期世代」の出現です。

2　新自由主義による「労働市場の構造改革」とは何か

　21 世紀初頭の小泉政権が強行した不良債権処理によって大量の離職者が生まれました。政府は「労働市場の構造改革」と称して、①労働分野の規制緩和政策によって非正規雇用を拡大するとともに（表 3-1-1、図 3-1-

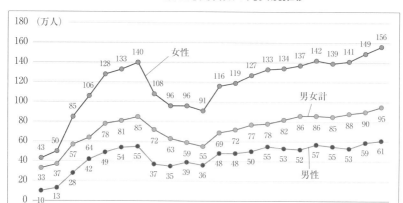

図 3-2-2　派遣労働者数の男女別推移

(出所)「労働力調査（詳細集計）」2024 年、長期時系列表 10 − 1

2)、②失業時の生活保障を切り下げる政策を相次いで行い（2000 年、03 年雇用保険法改正）、顕在的失業者を低労働条件の非正規労働者（現役労働者）に誘導したのです[5]。それを象徴したのが製造業務への派遣労働解禁でした。これによって男性の派遣労働者が増加しました（**図 3-2-2**）。この点は I で述べたとおりです。全国の大企業の製造ラインには派遣労働者だけでなく、業務請負業者の労働者も多数就労していました。その大半は派遣先の指揮命令を受けて就労する偽装請負でした。

「労働市場の構造改革」の第二の柱は失業者に対する生活保障（失業給付など）を切り下げ、就業者への早期復帰を誘導する政策です。この結果、I（4）で述べたように 21 世紀初頭、完全失業者が増加している時

---

[5] 2003 年の派遣法改正をリードしたのは労働政策審議会職業安定分科会の民間労働力需給制度部会でした。同分科会（諏訪康夫部会長）が派遣法改正の建議（「労働政策審議会建議―職業紹介事業制度、労働者派遣事業等の改正について」）を労働政策審議会に提出した日（2002 年 12 月 26 日）に、同分科会雇用保険部会（諏訪康夫部会長）は I（4）で述べた雇用保険法の改正につながる制度改変方針を決めています。これは単なる偶然ではないでしょう（伍賀 2013：44 〜 45 頁）。

Ⅱ　ワーキングプアの時代

に、失業給付の受給者が減少するという通常では考えられない事態が生じました。

　このように顕在的失業者を低労働条件の非正規労働者（現役労働者）に誘導したため、非正規雇用のなかには半失業状態の労働者が少なからず含まれています。「半失業」は就業しているものの、その就業の実態は不規則、細切れ的です。労働時間・賃金・雇用に関わる労働基準の適用が不十分で、低賃金や過度労働、あるいは非自発的短時間就労、シフト制労働など、半失業の形態は多様です。

　すでに第2部Ⅱで述べたように、パートや派遣労働者、契約社員など種々の非正規雇用は、雇用の安定性や賃金水準、それに社会保障の適用状況などから見て正規雇用に近い層から、失業者に近い層まで多様な広がりがあります。このため正規雇用と非正規雇用（不安定就業）との境界は明確でなく、また非正規雇用と失業もはっきりとは区分できません（図2-2-1）。

　新自由主義的失業政策の特徴は、顕在的失業を半失業状態に移行させることで失業率を縮小することです。先に示した図2-2-1を用いれば、同図のAから、BやC、Dへの移動を誘導することで、顕在的失業（完全失業者）を減らす手法です。工場への派遣労働者導入の解禁や偽装請負の事実上の容認、および失業時生活保障の縮小などの一連の措置はその具体的現れです。

　たとえば、日雇い派遣や、時間決めの細切れ雇用（シフト制労働など）のように、就労と中断を繰り返す働き方は半失業（部分就業）状態です。失業はこのような中間形態の存在によって潜在化しています。したがって半失業を活用することで顕在的失業を隠蔽することができます。

　半失業の労働者は就業者のなかに混在しているため、外見からはすぐに見分けることができず、統計を用いてその人数を把握することも容易ではありません。さしあたり正規職への転職を希望している非正規雇用の多くは半失業と見てよいでしょう。**表3-2-2**はその試算ですが、半失業は

表 3-2-2 非正規雇用のなかの半失業の試算（男女計）

(単位：万人、％)

	非正規雇用 (A)	うち、「正社員に変わりたい」と回答した割合 (B)	半失業 A × B/100
2003年	1504	19.4	292
2007年	1735	22.5	390
2010年	1763	22.2	391
2014年	1967	26.4	519
2019年	2173	22.9	498

（注）表示年に厚生労働省「就業形態の多様化に関する総合実態調査」が実施されている。
（出所）A：「労働力調査（詳細集計）」2022年、長期時系列表10-1、B：厚生労働省、上記調査。

2010年390万人、14年には500万人を突破しました。その後若干減り、2019年時点のデータでは498万人になっています。ただし、これは控えめな数値と見るべきでしょう。

3　人材ビジネス業者による産業予備軍の動員と配置

このような半失業を創出するうえで、派遣業者や請負業者などの人材仲介業者（人材ビジネス）が重要な役割を演じてきました。仲介業者の存在なしには失業者や非労働力人口などの産業予備軍を現役労働者に転ずることは不可能でした。

この時期の人材ビジネスは言わば「人の手」で産業予備軍を動員していました。アプリを活用して必要な労働力を確保しているウーバー社のような今日のプラットフォーム業者との違いに注目したいと思います。人材ビジネス業者は全国各地に営業拠点をもうけて求人情報誌やインターネットを使って求職者を募集、面接し、ふさわしいと判断した人たちを求人先に供給するシステムを構築しました。派遣先の工場周辺には人材ビジネス業者が寮を用意し、工場まで送迎バスを運行しました（松宮 2006）。

図 3-2-3　雇用者報酬、輸出額、経常利益の推移（1997 年～ 2010 年）

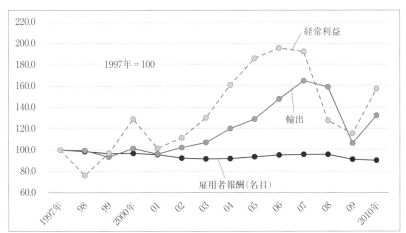

（注）経常利益は年度表記。
（出所）雇用者報酬、輸出（通関実績）：『労働統計要覧』／ 経常利益：）経常利益は財務省「法人企業統計調査」による。https://www.mof.go.jp/pri/reference/ssc/results/nenpou.htm

　人材ビジネス業者の活動が最も活発に行われていたのが東北地方や沖縄県でした。なかでも沖縄県は派遣労働者や請負労働者を数多く供給する地域です。人材ビジネス業者はハローワークの許可のもとハローワーク内に駐在員を待機させ、募集にあたっていました。また、2000 年代、ハローワーク那覇（那覇市おもろまち）の周辺には人材ビジネス業者の営業拠点（店舗）が多数立地していました。県外就職を希望してハローワークにやってくる求職者に声をかけて、自社がかかえる求人先にあっせんするためです。リーマンショック前、沖縄県から県外への短期就職者の就労先は東海地域（自動車、電機関連工場）が多くを占めていましたが、リーマンショック以降の数年間は急減しました。また原発の定期点検作業や、2011 年の東電福島第一原発事故後の廃炉作業に従事する人たちを求めて活動する人材仲介業者もあります。

　このように、人材ビジネス業者は産業予備軍のプールから労働力をくみ

上げ、大小の製造現場に供給するポンプとパイプの機能を果たしてきました。こうした産業予備軍の動員と活用によって、日本の製造業の大企業は輸出を飛躍的に伸ばし、戦後最長の「いざなみ景気」（2002～08年はじめ）のもとで空前の利益を享受しました。図3-2-3はこの好況期の雇用者報酬、輸出額、経常利益の推移を示しています。2001年から07年にかけて経常利益および輸出額ともに大幅に伸びています。しかし、雇用者報酬、つまり働いている人たちの報酬（賃金）はほとんど増えていないのです。つまり、この好況期は、もっぱら輸出、外需に依存した好況であったと言えます。戦後最長の好況期で利益をえたのは企業、とりわけ輸出大企業でした。他方、社会の下層には、「働いても働いても豊かになれないワーキングプア」[6]が多数形成されました。企業の富の蓄積とは対照的に賃金水準は低迷を続けたのです。2000年代の大企業を基軸とする資本蓄積のありようが、就職氷河期世代の形成、未婚化・少子化を加速するなど、日本社会に大きなダメージを与え続けています。

　非正規雇用のなかでも特に雇用調整が容易な間接雇用（派遣労働や業務請負）や有期雇用（期間工、契約社員など）が拡大したところへ、リーマンショック（2008年9月）を機に世界恐慌が襲いました。大企業を起点に08年秋から09年にかけて「派遣切り、非正規切り」の嵐が吹き荒れたのです。その象徴が「年越し派遣村」（東京・日比谷公園）でした（表3-2-1）。

　ワーキングプアやネットカフェ難民の社会問題化は自公政権に対する批判を呼び起こし、2009年8月、民主党政権の誕生の契機となりました。民主党政権のもとで紆余曲折を経て派遣法の改正がなされたのですが（2012年）、参議院の多数派を自公両党が握るねじれ国会のため、その内容は不十分なものでした[7]。

---

[6] NHKスペシャル「ワーキングプア ― 働いても働いても豊かになれない」2006年7月23日放送、同「ワーキングプアⅡ ― 努力すれば抜け出せますか？」06年12月10日放送、同「ワーキングプアⅢ ― 解決への道」07年12月16日放送

（3）就職氷河期世代の困難、貧困の世代間連鎖

1 中年男性正規雇用の賃金低下、親の収入に頼る非正規労働者

前述のように、労働市場の構造改革の推進は「就職氷河期世代」を生み出し、今なおこの世代に雇用と働き方の困難が集中しています。氷河期世代の非正規雇用比率は高く、大企業や公務部門に働く正規労働者は他の年齢層に比べ少ないという特徴がみられます（表3-2-3）。この表は2019年のデータですが、この時点の40〜44歳層はいまでは40代後半から50代前半にあたります。

図3-2-4に注目して下さい。中年層の男性正規労働者の賃金の中位数

表3-2-3 男性・年齢別雇用形態（2019年）

（単位：％）

	全労働者	正社員	正社員以外の労働者
総数	100.0	72.2	27.8
15〜19歳	100.0	32.1	67.9
20〜24歳	100.0	73.0	27.0
25〜29歳	100.0	76.6	23.4
30〜34歳	100.0	85.1	14.9
35〜39歳	100.0	86.9	13.1
40〜44歳	100.0	77.9	22.1
45〜49歳	100.0	83.8	16.2
50〜54歳	100.0	79.8	20.2
55〜59歳	100.0	80.8	19.2
60〜64歳	100.0	32.5	67.5
65歳以上	100.0	24.2	75.8

（出所）「就業形態の多様化に関する総合実態調査」（2019年）個人調査第1表より作成。

---

[7] 2012年の派遣法改正により、日雇い派遣が原則禁止されました。また違法派遣を利用した派遣先企業に対して、当該派遣労働者を直接雇用したとみなす措置が導入されました。

図3-2-4 男性・正規・中年層の所定内賃金の分布特性値（中位数）の推移

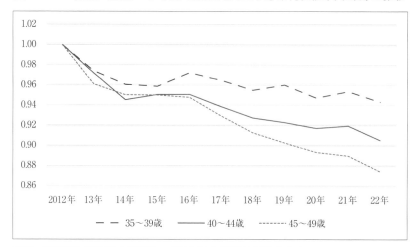

（注）消費者物価指数で調整し、2012年を基準に指数化した。
（出所）「賃金構造基本統計調査」各年、雇用形態別集計より作成。

（中央値）の推移を示していますが、近年になるにつれて下がっています。とくに40代後半層は2017年あたりから低下カーブが顕著です。これは氷河期世代がこの年齢層にさしかかった影響が大きいと考えられます。「日本経済新聞」も氷河期世代は他の世代に比べ同じ正社員でも賃金の伸びが鈍く、管理職の割合も低く、不遇が続いていると指摘しています（2024年7月28日付）。

　30代後半から40代の男性の正規雇用であっても賃金の低下傾向が顕著になったいま、女性は「家計補助的賃金」であっても支障ないという、かつての考えが破綻したことは明白です。さらに、アルバイトをして働かざるをえない高校生や大学生が増えている要因もここからも見えてきます。

2　貧困の世代間連鎖

　氷河期世代の就労の不安定はその子どもにも影響が及び、貧困の世代間連鎖をもたらしています。2002年と22年を比較すると、高校、短大・高

専、大学・大学院の在学者数はこの20年間に合計139万人減少（882万人→743万人）しているにもかかわらず、労働力人口にカウントされる生徒・学生は67万人増加しています（131万人→198万人）。労働力率はこの20年間で11.3ポイント増え、26.6％に上昇しました。19年の労働力率は高校生で8.5％に達し、大学生は5割を超えています。学生の非正規雇用についての詳細は第1部Iでも取り上げましたが、親の所得水準が子の就学状況にも連動し、生活や学費のために働かざるをえない生徒や学生を増やしています。なお、20年および21年に高校生の労働力率は減少しましたが、これはコロナ禍の影響によるものでしょう（数値は「労調」）。

III アベノミクスは貧困問題を解決したか

　2012年末に政権に復帰した安倍首相は、「世界で一番企業が活躍しやすい国」の実現を政策の基軸におきました。これは、日本の巨大企業がグローバル競争に勝ち抜くことを国をあげて全面的に支援する体制の構築であり、同時に海外資本の日本への投資を呼び込むための条件の整備でした。「労働改革」はこのような成長戦略の基軸に位置づけられました。労働者や市民の視点からの労働改革は、細切れ雇用・ワーキングプア・過労死の蔓延・ブラック企業など、「雇用の劣化、働き方の貧困」にメスをいれて現状を改革するものでなければなりませんが、安倍「労働改革」はそれと正反対の政策を実行しました。

　具体的には次のような柱からなっています。①人材ビジネスを活用した雇用の流動化、労働者派遣制度の大改変など、②雇用終了ルールが通常の正社員とは異なる「限定正社員」の導入、③ホワイトカラー・エグゼンプション（以下、WEと略す）に代表される「労働時間制度改革」、④「雇用

によらない働き方」(個人事業主)を拡大する政策、具体的には働き方改革関連法制定 (2018年) や高年齢者雇用安定法の改正 (2020年) などでした。

以下では、ポイントと思われる事項にしぼって考察しましょう。

(1) 2015年労働者派遣法改正

ワーキングプアや日雇い派遣の社会問題化、2008年秋のリーマンショック後の世界恐慌を背景とする大量の派遣切りに対する批判の高揚によって、派遣労働の拡大政策に歯止めがかかりました。民主党政権下の2012年の改正派遣法制定です。この改正法は、登録型派遣や製造業務への派遣の規制を行わず、日雇い派遣の禁止もきわめて不十分でした。2012年法の唯一の積極的側面と言える条項が「労働契約申込みみなし制度」です。派遣業界や経済界、安倍政権はこれを葬り去り、さらに労働者派遣事業はじめとする人材ビジネスの活用によって雇用流動化策を推し進めました。その具体化が「2015年派遣法」への転換です。

1 派遣法改正強行の異常さ

2015年9月11日、労働者派遣法改正法案は多くの人びとが反対するなか異常な形で成立しました。国会に上程された法案の当初の施行日は同年9月1日でしたが、当事者である派遣労働者の強い反対と同時に、法案に対する厚労大臣の答弁不能もあって審議がしばしば中断するなどしたため、施行予定日を越えても参院厚生労働委員会で採決できなかったのです。最終的に、与党は施行日を9月30日に延期するなどの修正を行った上で採決を強行しました。厚生労働委員会で39項目にのぼる附帯決議をつけたことは法案が派遣労働者の労働権保障に逆行する内容を含んでいることを物語っています。

法律の公布から施行日まで2週間しかなく、この間に、労働政策審議会の議を経て多くの政令、省令などを定め、しかも労働者派遣事業関係者に

周知しなければなりません。このため、「労働者派遣事業の許可基準の改正案」などについてのパブリック・コメントの募集期間はわずか３日間しかなく、しかもそこに寄せられた意見を労働政策審議会の審議に十分反映できない日程を組まざるをえないという異例ぶりでした。

異常な日程を承知のうえで採決を強行した背景には、いわゆる「10.1問題」がありました。2012年に民主党政権下で自民党、公明党も賛成して成立した改正派遣法（同年10月１日施行）は、派遣先が違法派遣であることを認識したうえで派遣労働者を使用した場合、当該労働者を直接雇用したとみなす労働契約申込みみなし制度が適用される規定を設けました（派遣法40条の６）。ただし、この条文については施行を15年10月１日まで３年間も先送りしたのです。たとえば、「26業務」の「事務用機器操作」への派遣という名目で、実際には一般事務を含む職に長年にわたって違法派遣の状態で働いてきた派遣労働者は、15年10月１日になれば、労働契約申込みみなし制度を活用して本人が派遣先に就労承諾を通知するだけで派遣先の直接雇用に転換できます。そうした期待をもってこの日を待ち望んできた派遣労働者も少なくなかったのですが、これに立ちふさがったのが派遣業界、経済界とその意を受けた安倍政権でした。

違法派遣の場合の労働契約申込みみなし制度自体は2015年の派遣法改正後も維持されていますが、改正法は「業務区分」を撤廃しているため、これまで26業務を装うことで３年を超え長期にわたり派遣を利用してきたとしても、改正法施行にともない違法状態が消滅することになります。派遣先に直接雇用される社員に転換できると期待した派遣労働者の願いを無残にも打ち砕いたのです。安倍政権が施行日を10月１日より前にしなければならないとして、なりふり構わぬ乱暴なやり方を強行したことは2015年法の本質を象徴しています。

２　派遣労働というシステム

労働者派遣の仕組みについてはよくわかっているという方も多いと思い

ますが、念のためここでおさらいをしておきましょう。

　派遣労働というシステムは「雇用関係と指揮命令関係が分離したもの」と説明されています。派遣労働者は労働契約（雇用契約）をかわした派遣元ではなく、労働契約関係にない派遣先企業のもとで就労する前提で雇われています。このような労働のありようは第二次大戦後、およそ40年にわたって職業安定法によって労働者供給業として禁止されていました。これを部分的に取り出して合法化したのが労働者派遣法（1985年）です。言い換えれば、雇用関係と指揮命令関係という本来、分離できないものを、あたかも分離できるという形式を、派遣法を制定することで「創作」したのです。

　派遣法が創作した雇用関係と指揮命令関係の分離を前提に、派遣先企業（以下、派遣先）は派遣元企業（以下、派遣元）に派遣料金を支払うことで、①使用者責任の回避、②コスト削減、③雇用調整の容易さの「メリット」を享受しているのです。派遣元は営業活動の際に、これらのメリットを積極的に宣伝しています。派遣先が手にするメリットは派遣労働者にとっては不利益そのものです。

　まず、「①使用者責任の回避」から見ましょう。派遣システムでは、法形式上は派遣元が派遣労働者の雇い主（使用者）となるため、労働時間管理や安全衛生、ハラスメント防止などを除き、使用者としての責任の大半を派遣元が負っています。ただし、派遣元のなかにはこうした使用者責任を実行する体制や能力、さらには意思に欠けることがしばしばあるのです。たとえば、使用者は加入条件に適合する派遣労働者には社会保険や雇用保険を適用する義務がありますが、派遣元はそうした責任を実行しないケースが見られます。また、派遣労働者から派遣元に提起された苦情や要求は派遣先の管理責任者と協議し、その解決に努めなければなりませんが、派遣元は顧客である派遣先に配慮して、しばしばそうした責任を放棄しています。こうした場合、派遣元は雇い主としての責任を果たさない「名ばかり雇用主」にすぎません。大手業者も決して例外ではありません

（中沢 2015）。派遣先も使用者責任を引き受けないことが多く、その結果、使用者責任は空洞化します。

　次に、「②コスト削減」についてはどうでしょうか。EU 諸国のように「派遣労働に関する EU 指令」（2008 年）によって均等待遇原則が設けられ、有効に機能している場合には、派遣労働者と派遣先の正社員の労働条件は基本的に同一となります。派遣労働者の労働時間が正社員よりも短い場合であっても時間当たり賃金は同一です。それゆえ派遣先が派遣元に支払う派遣料金は、派遣元の利益となるマージン部分だけ割高になるため、派遣先が期待するコスト削減効果は消失します。これに対し、均等待遇原則がなく正社員と派遣労働者との賃金格差が大きい日本ではコスト削減効果は少なくありません。

　「③雇用調整」は、派遣先が人員削減したいとき、直接雇用の場合のようにみずから手を下すことなく、派遣元との間で締結した派遣契約を終了することで容易に実行できます。時には契約期間内であっても中途解約することすらあります。

　さらに、日本の派遣法は違法派遣であっても派遣先を処罰の対象から免除しています。派遣法制定以前、労働者をレンタル契約で使用した場合は職業安定法（労働者供給業の禁止）違反として供給元（派遣元）および供給先（派遣先）ともに刑事罰の対象となっていました。ところが、派遣法違反の場合（偽装請負や期間制限違反など）、制裁の対象となるのは派遣元のみです。派遣法が創作した法構造によって派遣先はいわば「弾よけサービス」を享受し、派遣元は派遣料金の 3 割〜4 割ものマージンを獲得しているのです。

　派遣元、派遣先ともに、派遣労働に固有のシステムから得られる利益を追求するようになれば、直接雇用に代わって派遣労働者が増加し、同時に雇用不安や賃金切り下げのリスクも拡大することは必至です。派遣労働に対する特別の規制を設ける必要性はいくら強調してもしすぎることはありません。

3　派遣制度の規制撤廃への執着とその帰結

雇用弾力化・流動化、コスト削減のテコ

　それにしても経済界や安倍政権がこれほどまでに派遣労働の規制撤廃に固執したのはなぜでしょうか。

　1985年の労働者派遣法制定当初、派遣対象業務および派遣期間制限を課して出発した労働者派遣制度は、90年代半ば以降、順次、規制が緩和されていきました（表3-1-2参照）。今回、派遣法改変に執念を燃やしたように、経済界が規制緩和を求め続けているのは雇用弾力化・流動化推進とコスト削減のテコの役割を派遣労働のシステムに期待しているからにほかなりません。そこにはグローバル競争が一層激化するもとで、日本の長期雇用慣行を転換する意図がうかがえます。もちろん人材ビジネス業界にとって労働者派遣市場を拡大するチャンスであることは言うまでもありません。さらに、リストラによって発生する顕在的失業者を吸収する役割（失業問題の潜在化）も派遣労働に期待できます。これらについては第3部Ⅰですでに述べました。

「派遣的働かせ方」の永続化、増大する失業の不安

　2015年に成立した改正派遣法は、「26業務」および「それ以外の業務」という、これまでの派遣にかかわる業務区分を撤廃し、派遣労働者と派遣元との労働契約が有期契約か無期契約かの相違によって派遣の規制内容を区別するというものです。

　無期契約の派遣労働者については同一派遣先に期間制限なしに派遣可能ですが、有期契約の派遣労働者については、従来の26業務でも同一派遣先の同一組織での就労は最長3年に限られるのです。ただし、同一派遣先企業であっても部署が変われば新規派遣の扱いとなるため、実際には職場を変更することで3年を超えて就労させることも可能ではありますが。いずれにせよ、派遣先は、少なくとも派遣労働者を入れ替えさえすれば永続的に派遣労働のシステムを使い続けることができることになりました。こ

れが15年派遣法の最大のポイントです。

 2で述べたように、派遣労働のシステムでは派遣先は労働者を出し入れ自由な状態で使用できます。改正派遣法によって派遣先は派遣労働者を入れ替えさえすれば、期間制限なしにこうしたシステムを利用できることとなりました。派遣先にとって好ましい派遣労働者については、派遣先が派遣元に対し彼（彼女）を無期労働契約に切り替えるように求めることで、期間制限なしに派遣のままで使い続けることができます。いわば「生涯派遣」です。改正派遣法で派遣労働者の教育訓練の措置が派遣元の新たな義務となりましたが、派遣先にとっては実質的な負担とならない程度の内容でしかありません。

 他方、派遣労働者から見れば、3年ごとに仕事を失うリスクを負わされることになります。とくに40代、50代の人たちにとって、年齢差別のため次の派遣先をみつける可能性は限られることが懸念されます。幸い新たな派遣先に就けたとしても一から仕事を覚え、職場のなかで新たに人間関係を築かなければなりません。当事者の話ではそのストレスは並大抵ではないと言います。もちろん派遣契約次第で3年より以前に職場を追われることもありえます。これまで26業務であれば、ともかくも派遣労働者として長期就労を期待できたのですが、今後は派遣元と無期の労働契約を結んでいない限り、それすらも奪われることになります。

4　2015年派遣法の帰結 ─ 派遣労働者の増加

 2015年派遣法改正後の派遣労働者数は、コロナ禍で2020年度は若干減少しましたが、すぐに回復し、22年度は149万人（女性90万人、男性59万人）に達しました（前掲、図3-2-2）。各派遣業者が厚労省に毎年度末に提出する事業報告の集計結果でも、派遣労働者は増加を続けています（**表3-3-1**）。この表の派遣労働者数が図3-2-2の数値を上回っているのは、同じ派遣労働者が二つの派遣業者をとおして派遣された場合、表3-3-1では別々に集計されるためです。

表 3-3-1　派遣労働者数の推移

(単位：人)

	2016年度	17年度	18年度	19年度	20年度	21年度	22年度
無期雇用派遣労働者	429,429	450,076	510,815	604,215	712,896	775,804	828,638
有期雇用派遣労働者	1,341,595	1,310,661	1,171,716	1,231,710	1,213,591	1,316,501	1,317,815
派遣労働者計	1,771,024	1,760,737	1,682,531	1,835,925	1,926,487	2,092,305	2,146,453

(注) 2015年度以前と16年度以降では派遣労働者の区分が異なるため、15年度以前の数値は表示していない。2016年度、17年度は、経過措置として、2012年派遣法下の特定労働者派遣事業の無期雇用および有期雇用の派遣労働者数を含んでいる。
(出所) 厚生労働省「労働者派遣事業報告の集計結果」(各年度) より作成。

　同表によれば、派遣元と有期雇用契約を結んでいる派遣労働者は2016年度から20年度まで減少しましたが、その後コロナ禍にもかかわらず増加に転じました。この時期にパートやアルバイトが激減したのと対照的です。コロナ禍で医療人材が大幅に不足している状況を打開するためという理由で、政府が社会福祉施設やワクチン接種会場などにおける看護師の日雇い派遣を許可したことも影響していると考えられます。

　他方、派遣元と無期労働契約を結んでいる派遣労働者は増加基調にあります。これは改正派遣法の規制のもとで、同じ派遣先企業の同一職場で3年を超えて働くことが可能な派遣労働者が増えていることを示しています。無期労働契約によって雇用は安定したように見えますが、派遣先の正社員との著しい労働条件格差が解消されているわけではありません。

(2)「雇用によらない働き方」の推進

　次に、安倍政権が派遣法改正に続いて推進した「雇用によらない働き方」(個人事業主) について見ましょう。

働き方改革関連法制定（2018年）

　個人事業主のような「雇用によらない働き方」を強力に推進したのは経済産業省です。経産省は2016年11月に「『雇用関係によらない働き方』に関する研究会」を発足させ、17年3月に研究会報告書を公表、このなかで初めて「雇用によらない働き方」を提起しました。報告書は次のように述べています。

　「これまで、企業においては、自社の事業にかかわる業務については、自社で雇用している人材によって業務を遂行するのが一般的であった。……急激な産業構造の転換とビジネスモデルの変化等により、そういった『自前主義』には限界が訪れつつあり、外部人材の積極的活用が企業にとっても重要になりつつある。」

　ここでいう「外部人材」とは副業・兼業従事者であり、また個人事業主のことです。企業がその時どきの経営戦略に応じて設けるプロジェクトを担う人材を自社でまかなうのではなく、外部から調達し、プロジェクトが完了すれば外部人材は他に移動してもらうことで長期雇用によるコスト負担を免れることができます。

　この直後に出された政府の「働き方改革実行計画」（2017年3月）は「非雇用型テレワークのガイドライン刷新と働き手への支援」を掲げました。この実行計画を受けて厚労省は「柔軟な働き方に関する検討会」および「雇用類似の働き方に関する検討会」発足させ（2017年10月）、雇用によらない「自営型テレワークの適正な実施のためのガイドライン」（18年2月）などを公表しました。

　このような経過を経て2018年6月に成立した働き方改革関連法は、国が講じなければならない施策として「多様な就業形態の普及」をあげましたが、このなかには「テレワークや副業・兼業」とならんで個人事業主（フリーランス）が含まれています。安倍政権のもとで、経済界や規制緩和論者の意向をバックに、雇用流動化を図るべく経産省と厚労省が競うように「雇用によらない働き方」の推進に乗り出したのです。こうした流れは

安倍首相退陣後、コロナ禍を経てさらに勢いを増しています。なお、個人事業主化については第３部Ⅴでくわしく取り上げます。

（3）「働き方改革」と過労死

1　ホワイトカラー・エグゼンプションの導入

　安倍政権の「労働改革」のいま一つの柱が労働時間制度改革でした。その焦点はホワイトカラー・エグゼンプション（以下、WEと略す）の導入で、「週40時間、１日８時間労働制」という労働時間法制（労働基準法）を適用しない労働者をつくりだすものです。ところがWEを推進する側はそのことを正面から提起せず、あたかも賃金制度の変更であるかのごとく装いました。『『日本再興戦略』改訂2014』はWEについて、「時間ではなく成果で評価される制度への改革」とし、WEの導入を審議した労働政策審議会もその建議（2015年２月）のなかで「時間ではなく成果で評価される働き方」という表現を繰り返しました。

　さらに、日本経団連は『2015年経営労働政策委員会報告』のなかで、WEは労働者にとっても望ましい「働き方の多様化」の一環で、「時間でなく成果で評価されたい労働者に選択肢を提供する」と主張しました。WEが適用される労働者は残業や休日出勤、深夜労働をしても、いっさい手当は支給されません。基本給が上がるわけでもない。このような制度の適用を労働者はみずから希望するでしょうか。WEはこれらの手当を節約でき、しかも労働基準監督署のサービス残業の摘発を心配することもなくなります。使用者にとってまことに好都合な制度です。

ホワイトカラー・エグゼンプション法の骨子

　WE制度は働き方改革関連法のなかの労働基準法改正により成立しました。WE（「高度プロフェッショナル制度」）の対象を、①金融商品の開発、②ディーラー、③アナリスト、④コンサルタント、⑤研究開発職などの業

務従事者で、年収が平均給与額の3倍を相当程度上回る 1075 万円以上の労働者としています。当初の適用対象を限定することで、労働側の抵抗をやわらげる戦術ですが、労働者派遣法の規制緩和の過程が示すように、やがてその対象が拡大する可能性があり、警戒が必要です。この法案を検討した労働政策審議会のなかで、使用者側委員は「幅広い労働者が対象となることが望ましい」との見解を表明しており、さらに経済同友会は「長時間労働是正と高度プロフェッショナル制度に関する意見」(2015 年 3 月)のなかで、WE の対象業務のネガティブリスト化を求めています。つまり WE の適用がふさわしくない業務以外は原則可能とすることです。

　WE 対象者の就労時間について、「労働時間」の代わりに「健康管理時間」（事業場内に所在していた時間＋事業場外で業務に従事した場合の労働時間）という新造語を導入しました。対象労働者の健康確保措置とされるのは、この「健康管理時間」が厚生労働省の省令で定めた時間を超えた場合の医師による面接指導です。これはあくまでも「事後措置」であって、健康被害を事前に防止するものではありません。

ホワイトカラー・エグゼンプションは何をもたらすか

　WE 制度の対象となる労働者は労働時間規制から外れるため、手当がないまま長時間残業や深夜労働、休日出勤が増える可能性が大です。求められるノルマが過大であればなおのこと、みずからそうした働き方をせざるをえないでしょう。「健康管理時間」が過労死や過労自殺、メンタル不全など歯止めとなることは期待できません。使用者は対象労働者の「健康管理時間」を把握しなければなりませんが、それが適切に実施されているか否かを労働基準監督官がチェックすることは現実的に困難です。

2　過労死防止対策推進法の制定

　働き方改革推進法の制定（2018 年）に先立って、2014 年 6 月に過労死防止対策推進法が成立しました。過労死家族の会や、これを支援する研究

者、弁護士、労働組合関係者など多くの人びとの粘り強い取り組みの成果でした。この法律は、過労死防止対策の推進を国や自治体に義務づけるものです。同法にもとづいて過労死等防止対策推進協議会が設置され、具体的な施策について検討し、国に提言しています。この協議会には過労死家族の会から当事者代表委員として4名が参加しています。また、毎年、「過労死等防止対策白書」が刊行されるようになりました。毎年11月には過労死防止対策推進シンポジウムが各都道府県で開催され、その企画などにも、各都道府県の「働くもののいのちと健康を守るセンター」(いの健センター)が積極的に加わっています。さらに、過労死事案の社会的経済的視点から分析を行うための研究機関(過労死等防止調査研究センター)も設けられました。これらの施策は同法の制定がなければ実現していなかったことでしょう。

　このように過労死等防止対策推進法は過労死・過労自死の根絶に向けて大変大きな役割を担ってきたのですが、過労死などは依然として減少するきざしは見えません。脳・心臓疾患関連の労災認定請求件数は減少傾向にあるのですが、精神障害(過労自殺を含む)は増加傾向が顕著です。これらの現状については第1部Ⅳ「現代的貧困としての過労死」で明らかにしたとおりです。

　過労死の根絶のためには職場で労働者が声をあげることが何よりも重要です。職場のなかで働き過ぎの労働者が目についたならば、見て見ぬふりをするのではなく、産業医やほかの医師に相談するように声をかけるだけでどれだけの救いになるでしょうか。何よりも労働者集団や労働組合による監視が欠かせません。異常な働き方を強いられている夫や妻、息子、娘がいたら家族がストップするように声を上げる必要があります。

（4）雇用は改善されたか

1　正規雇用に生じた変化、非正規雇用の階層分化

　第3部Ⅰの冒頭で取り上げた表3-1-1によれば、2012年以降、それまでの雇用動向とやや異なる傾向がうかがえます。非正規雇用化に歯止めがかかり、雇用状況は新たな局面を迎えたかのように見えます。ただし、男女で差異が目立っています。このことを**表3-3-2**で詳しく見ましょう。

男性における名ばかり正規雇用の増加

　同表によれば、2012年から17年までの5年間に男性は正規雇用が49万人増えたのですが、その大半（43万人）は「名ばかり正規雇用」でした。「名ばかり正規雇用」とは、「正規雇用のうち、雇用契約期間に定めがある人」や「定めの有無がわからない人」のことです。職場で「正社員」と呼ばれていても、いわゆる日本型雇用の「妻子を扶養する男性稼ぎ主（夫）モデル」の正社員とはほど遠いタイプです。

　それどころか、はじめから早期にやめざるをえないような、使いつぶす働かせ方を意図的に行う経営手法が見られるようになりました。ブラック企業の登場です。今世紀に入って以降、ワーキングプアの広がりの裏面でこのようなブラック企業が増えてきました。「ワーキングプアになると結婚もできず大変だ」という意識が広がるなかで、「正社員」という看板を掲げておけば多少無茶な働かせ方をしても我慢するだろうという、労働者の足もとを見るような経営者が登場したのです。たとえば「固定残業代」という賃金および労働時間管理のやり方です。残業代を含んだ賃金月額を、あたかも基本給であるように募集要項に記載し、賃金を高く見せて新入社員を確保し、残業代込みの賃金額だったことに気づいた時には新卒者の採用時期をとっくに過ぎているため、転職もままならず、しばらくそのまま働き続けるほかないというケースが少なからず見られました。「求人詐欺」です（今野2016）。

表 3-3-2　名ばかり正規雇用、実質的正規雇用、実質的非正規雇用

(単位：千人、％)

		2012年	2017年	2022年	2012年→17年	2017年→22年
男女計	役員を除く雇用者①	53,538	55,839	57,225	2,302	1,386
	正規雇用②	33,110	34,514	36,115	1,404	1,601
	うち名ばかり正規雇用③	2,567	3,173	3,256	606	83
	実質的正規雇用④	30,544	31,341	32,858	797	1,518
	非正規雇用⑤	20,427	21,326	21,110	899	−216
	実質的非正規雇用⑥	22,994	24,499	24,367	1,505	−132
	正規比率　②/①	61.8	61.8	63.1		
	名ばかり正規率　③/②	7.8	9.2	9.0		
	実質的正規率　④/①	57.1	56.1	57.4		
	非正規比率　⑤/①	38.2	38.2	36.9		
	実質的非正規率　⑥/①	42.9	43.9	42.6		
男性	役員を除く雇用者	29,292	29,980	30,040	688	60
	正規雇用	22,809	23,302	23,398	493	96
	うち名ばかり正規雇用	1,707	2,137	2,164	430	27
	実質的正規雇用	21,102	21,165	21,234	63	69
	非正規雇用	6,483	6,678	6,642	195	−36
	実質的非正規雇用	8,190	8,815	8,806	625	−9
	名ばかり正規率	7.8	9.2	9.2		
	実質的正規率	72.0	70.6	70.7		
	実質的非正規率	28.0	29.4	29.3		
女性	役員を除く雇用者	24,246	25,859	27,185	1,614	1,325
	正規雇用	10,301	11,211	12,717	910	1,506
	うち名ばかり正規雇用	860	1,036	1,093	176	57
	実質的正規雇用	9,442	10,176	11,624	734	1,449
	非正規雇用	13,944	14,648	14,468	704	−180
	実質的非正規雇用	14,804	15,684	15,560	880	−123
	名ばかり正規率	8.3	9.2	8.6		
	実質的正規率	38.9	39.4	42.8		
	実質的非正規率	61.1	60.6	57.2		

(注1) 名ばかり正規雇用＝正規雇用のうち、雇用契約期間に定めがある者＋定めの有無がわからない者
(注2) 実質的正規雇用＝正規雇用−名ばかり正規雇用
(注3) 実質的非正規雇用＝非正規雇用＋名ばかり正規雇用
(出所)「就業構造基本調査」2012年および17年、第11表／2022年は主要統計表第3表をもとに作成。

「固定残業代」とすることで、残業代が支払われているように思わせながら、所定内賃金と残業代との区別がつかないやり方は労働基準法に違反する手法です。しかし、職場に労働組合がない場合や、組合があっても違法行為を黙認している場合、労働者は心身の健康を危うくするまで働かざるをえないという事例があちこちで見られるようになりました。

先ほど男性の「名ばかり正規雇用」の増加を指摘しましたが、この背後では大規模な人員削減が行われています。電機情報産業の大手企業10社では2011年3月期から21年3月期までの10年間に合計50万人を超える人減らしが行われたのです。

たとえば、パナソニック15万6780人、東芝8万8787人、ソニー5万8500人、日立4万8255人、富士通4万6246人、リコー4万170人、ルネサス3万1841人、シャープ1万9323人、NEC1万7759人、TDK1万1000人など、10社計で51万8661人の削減になると言います[8]。雇用統計をとおして労働者の増減の結果を知ることはできますが、その過程のリストラをめぐる労使の攻防までは伝えてはくれません。

女性の雇用は改善されたか

一方、女性はどうでしょうか。表3-3-2のように、雇用統計の限りでは女性は男性とは異なる動きを見せています。実質的正規雇用の伸び率は実質的非正規雇用の伸び率を若干上回り、女性の実質的非正規率は微減となりました。2012年から17年までの5年間に、男性とは対照的に女性の正規化がすすんだように見えます。この傾向は17年から22年にかけて一層はっきりしています。ただし正規雇用とはいえ、男女間の賃金格差は依然として大きいままです。例えは、2017年時点の1000人以上規模の正社員の所定内賃金のカーブ（産業計、学歴計）を見ると、男女ともに50〜54歳層がヤマですが、その賃金額は男性の51万5500円に対し、女性は36

---

[8] 労働運動総合研究所「労働総研ニュース」2022年6月号、図1、参照。

万5400円です。その差15万円になります。勤続年数はそれぞれ26.0年、20.5年でした。10〜99人規模企業においても男女間で大きな賃金差があります。賃金カーブのヤマは男性34万9300円（55〜59歳層、勤続17.8年）に対し、女性は25万8200円（同年齢層、勤続12.4年）で、その差は9万円以上になります（「賃金構造基本統計調査」2017年）。男女間の賃金格差は年々縮小傾向にありますが、依然として大きい状態が続いています。

　さきほど女性の正規化の新傾向を指摘しましたが、これについては後ほど、人手不足との関連で第3部Ⅵで取り上げることにし、ここでは特徴点のみを簡潔に記しておきます。女性の正規化の背景には高齢社会に対応した医療・福祉部門の専門職の増加があります。医師・看護師などの保健医療従事者は2012年から17年にかけて女性正規16.2万人、男性正規10.9万人、また社会福祉専門職（ケアマネジャー、ソーシャルワーカーなど）は女性正規で11万人増えています。さらに正規雇用の介護労働者は男性6.9万人、女性4.8万人の増加です。これに加えて情報処理技術者などの専門技術職につく女性も5.9万人増えています（「就調」2012年、17年、第26表）。

　このように女性雇用における正規化が見られる一方で、非正規雇用に滞留し、非正規職のなかで移動を繰り返す女性も多く、階層分化が進んでいるものと考えられます。これについては次項「Ⅳ　コロナ禍による雇用・失業の変化」で触れたいと思います。

Ⅳ　コロナ禍による雇用・失業の変化

　新型コロナパンデミックによって日本経済は大幅に落ち込み、2020年度のGDPは前年度比4.6%減となりました。この下落幅はリーマンショック期の08年度（3.6%減）を上回るもので戦後最悪を記録しました。

リーマンショック期はおもに製造業の派遣労働者を中心に人員削減（派遣切り）が強行され、飲食業などの対人サービス業は失業者の受け皿となりましたが、これに対し、コロナ禍では店舗の閉鎖や営業時間の短縮、臨時休業を余儀なくされた宿泊業・飲食サービス業、小売業、生活関連サービス業（理容・美容、洗濯、旅行業など）・娯楽業、航空・鉄道業など、おもに対人サービスの部門で人員削減や休業などが行われ、次第に製造業に波及した点が特徴的です。21年に入って輸出関連の製造業はいち早く回復に向かいましたが、飲食サービス業、宿泊業などは、政府による緊急事態宣言や蔓延防止措置の相次ぐ発出によって長い間苦難が続きました。

こうしたもとで雇用・失業や働き方・働かせ方にはこれまでと異なる変化が生じています。この章ではもっぱらこの点に焦点をあてて、雇用・失業、貧困の現状について考えてみましょう。

（１）休業者の増加 ── 失業者の新たな形態

日本における新型コロナウイルス感染症は、2020年2月初旬、横浜港に停泊した大型クルーズ船「ダイヤモンド・プリンセス」の乗客・乗員の集団感染によって一気に顕在化しました。この感染症の拡大は足かけ4年にわたって日本経済と社会に大きな打撃を及ぼしました。23年5月にWHOは新型コロナ感染症の終息宣言を発表、日本政府は感染症の分類上は5類への移行を決定しましたが、いまなお油断できない状態が続いています。24年2月に第10波、7月には第11波の感染拡大と報じられています。

コロナ禍で雇用・就業は激変しました。感染防止対策に伴う経済活動の停止・抑制により雇用の収縮が一気に生じました。完全失業者は増加しましたが、リーマンショック期ほどの規模にはなりませんでした。リーマンショック期の場合、2009年9月に完全失業者は363万人、完全失業率は5.5％に達しましたが、今回のコロナ禍では、ピーク時の21年10月時点

の数値はそれぞれ215万人、3.1％にとどまっています。完全失業者、完全失業率で示される顕在的失業はかなり抑えられたと言えるでしょう。失業の形態はリーマンショック期とは大きく異なり、完全失業者ではなく、おもに休業者の急増となって現れました。この点がコロナ禍での雇用・失業の第一の特徴です。

休業者の特徴

　20年3月に249万人だった休業者は、緊急事態宣言の発出にともなう経済活動の急停止によって4月に一気に597万人を記録しました。この半数は非正規雇用（300万人）です。休業者の多くが営業自粛を迫られた小売業、宿泊業、飲食サービス業など消費サービス関連産業に集中しており、これらの部門では非正規雇用の比率が高いことと関わっています。なかでも女性の非正規雇用の休業者は216万人に上りましたが（図3-4-1)、これは女性非正規雇用（1379万人）のおよそ6人に1人に当たります（「労調」）。

図3-4-1　従業上の地位・雇用形態別の休業者の構成（2020年4月）

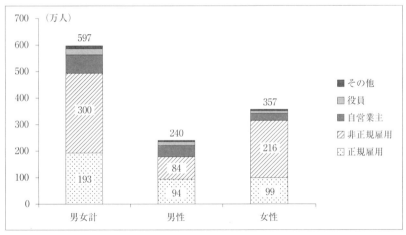

（出所）「労働力調査（基本集計）」2020年4月、第Ⅱ-8表より作成。

休業者の年平均数値を見ると、2019年の休業者は176万人だったのですが、20年には256万人へ、80万人も急増し、21年206万人、22年215万人と高止まりしていましたが、23年の平均休業者数は189万人に減少、ようやくコロナ禍以前の水準に近づいたようです。

「労調」では休業者は「就業者」に分類されますが、コロナ禍では失業者に限りなく近い人びとまでを含むようになりました。これまで休業者の多くは育児・介護休業中の人たちや労働災害や病気で休業している人でした。

2015年〜19年平均の休業者数（約160万人）を差し引いた人数をコロナパンデミック関連の休業者とすれば、その数は20年4月、5月は別として数十万人になるでしょう。ただし、「労調」の休業者は1週間のうち2〜3日休むとか、1日のうち半日休むという部分休業のケースをカウントしていないため、これらを加えれば実際の休業者はもっと多かったと考えられます。

こうした休業者急増の背景には、政府が雇用調整助成金の特例措置（事業主に対する助成率の引き上げ、助成金の増額、支給要件の緩和など）を講じて企業による雇用維持を積極的に支えた効果がかなり大きかったと言えるでしょう。大企業から中小企業までこの制度を積極的に活用したのですが[9]、これらの措置がなければ完全失業者はもっと増えていたと思われます。

休業手当を支給されていない休業者

ところで「労調」の休業者の定義では、休業者は仕事を休んでいるものの、賃金や手当の支払いを受けていることになっています。しかし、実際

---

[9] 2021年1月末時点で、コロナ関連の雇用調整助成金の受給額のトップはANAホールディングス（337億円）でした。以下、近鉄グループホールディングス（95億1700万円）、オリエンタルランド（78億円）、KNT-CTホールディングス（68億4000万円）、西武ホールディングス（68億1800万円）、JR西日本（67億2600万円）などが続いています（「朝日新聞」2021年2月18日付）。

の休業者のなかで休業手当をまったく支払われていないか、一部しか受け取っていなかった人が相当ありました。これはコロナ禍が生み出した失業者の新たな形態です。

ちなみに労働政策研究・研修機構（以下、JILPTと略記）が、20年4月から実施した連続パネル個人調査（「新型コロナウイルス感染拡大の仕事や生活への影響に関する調査」）によれば、同年8月時点で休業を勤務先から命じられた民間労働者のうち、「休業日（休業時間数）の半分以上支払われた」との回答が半数を超えたのに対し（54.1％）、「休業日（同）の一部が支払われた」および「（これまでのところ）全く支払われていない」という人もそれぞれ2割超みられました。

また、野村総研が20年10月時点で休業中の労働者（2163人）を対象に実施した「コロナによる休業者の実態と今後の意向に関する調査」では、休業中のパート・アルバイト女性のうち、実労働時間が7割以上減少した場合でも休業手当を受け取っていないケースが67.8％に及びました。しかも世帯年収が低い人ほど休業手当を受け取っていない傾向が高く、世帯年収200万円未満のパート・アルバイト女性の8割近くは休業手当を受け取っていません。

シフト制労働を利用した脱法行為 ― 休業手当不払いの手法

このようなコロナ禍における休業手当不支給を引き起こした要因の一つに、使用者によるシフト制労働を利用した脱法的行為があります。労働基準法（第26条）は使用者の責任による事情で労働者を休業させた場合は、使用者は少なくとも賃金の6割以上の休業手当を支払わなければならないと定めています。この規定を免れるため、政府の緊急事態宣言などにより事業主が店舗などの休業を余儀なくされた際、パートやアルバイトに対し休業を指示するのではなく、「シフト」と呼ばれている従業員の勤務表に入れないという手法（いわゆる「シフトカット」）で、何らの補償なしに労働者を休業状態におく事例が多数に上りました。コロナ禍で飲食業界を中

IV　コロナ禍による雇用・失業の変化

表3-4-1　失業、半失業、広義の失業率（男女計）

(単位：万人、%)

	2018年	19年	20年	21年	22年	23年
労働力人口①	6839	6897	6877	6870	6911	6936
完全失業者②	168	165	191	193	179	176
失業者③	184	182	210	213	198	198
追加就労希望就業者④	183	182	228	225	195	190
潜在労働力人口⑤	37	39	44	39	35	36
広義の失業者a（③+④）	367	364	438	438	393	388
広義の失業者b（③+④+⑤）	404	403	482	477	428	424
完全失業率　②/（①-③+②）×100	2.5	2.4	2.8	2.8	2.6	2.5
広義の失業率a　（③+④）/①×100	5.4	5.3	6.4	6.4	5.7	5.6
広義の失業率b　（③+④+⑤）/（①+⑤）×100	5.9	5.8	7.0	6.9	6.2	6.1

(注1) 労働力人口の定義は「労働力調査」の基本集計（就業者＋完全失業者）と詳細集計（就業者＋失業者）で異なる。本表は後者による。
(注2) 完全失業者：a）月末1週間の調査期間中に少しも仕事に従事せず、b）仕事があればすぐに就くことができ、c）調査期間中に求職活動や事業を始める準備をしていた者（過去の求職活動の結果を待っている者を含む）。
(注3) 失業者：完全失業者の定義のcについて、求職活動や事業を始める準備をしていた期間を調査期間を含む1か月間に拡大。
(注4) 潜在労働力人口：「労働力調査」によれば、潜在労働力人口は就業者でも失業者でもない者のうち、次のいずれかに該当する者をいう。「拡張求職者」（1か月以内に求職活動を行っていること、かつすぐではないが、2週間以内に就業できること）または「就業可能非求職者」（1か月以内に求職活動を行っていないこと、就業を希望していること、かつすぐに就業できること）。
(出所)「労働力調査（詳細集計）」年次集計、第I-1表より作成。

心に広がった雇用調整の新たな手法です。

　学生アルバイトの多くはこのような形態の不利益をこうむりましたが、使用者は「休業を指示したわけではない。営業短縮を迫られたせいでシフトが減っただけだ」と主張したのです。「シフト制労働」を理由に休業手当を支給されないまま休業状態を強いられた学生アルバイトは厳しい生活難に直面しました（首都圏青年ユニオン2021）。各地で取り組まれた食糧支援のイベントに学生が列をつくって並んだことがその端的な証左です。

　学生アルバイトは事実上の労働者にほかなりませんが、「親から経済的支援を受けており、仕事がなくても大きな支障がない者」という先入観が

長く続いてきました。女性パートを「主たる稼ぎ手（夫）のいる家計補助的就業者」と捉えるのと同類です。しかし、第 1 部 I で述べたように、今の親世代（40 代）の多くは就職氷河期世代に該当し、他の年代に比べ収入が少ないという特徴があります。親からの仕送りを期待できない学生アルバイトのなかには自分の学費を得るためだけでなく、家計を支えるために働くケースもあります。

　このような「シフト制労働」という働き方・働かせ方の問題性はコロナ禍で注目されるようになりました。これはシフト制労働者など非正規労働者に対する休業手当の不払い問題を積極的に取り上げ、菅義偉首相（当時）に直訴するなどして（2021 年 1 月）、その解決を迫った首都圏青年ユニオンのたたかいの成果でもあります。同ユニオン書記長の栗原耕平さんはシフト制労働について、「賃労働者化した学生や有配偶女性を、低賃金労働者として広くかき集めて低コストの事業運営を可能にするものとして活用されている」と指摘しています（栗原 2024：158 頁）。

追加就業希望者の増加

　休業手当をまったく支給されないか、わずかしかないまま休業状態に置かれた場合、多くの人は別の仕事を探して収入を確保せざるをえません。コロナ禍でそのような人びとが目立って増えました。「労調」（詳細集計）によれば、現在就業しているけれどももっと働きたいという人（「追加就労希望就業者」）は、2019 年は 182 万人でしたが、20 年には 228 万人、21 年 225 万人に増えました（表 3-4-1）。これらの人びとの多くは半失業状態にあると言えるでしょう。

　失業者に追加就労希望就業者を加えた人びとを広義の失業者とすれば、その人数は 400 万人を上回ります。これに潜在労働力人口[10]を加えれば 2020 年平均で 500 万人近くになりました。広義の失業率は 6 ％以上です。

---

[10] 表 3-4-1 の注 4 を参照ください。

ピーク時の 20 年 4 ～ 6 月期にはそれぞれ 533 万人、7 ％台を記録しました[11]。今回のコロナ禍の失業の特徴はこのような半失業が増加したことです。

（2）非正規雇用の急減

コロナ禍の雇用・失業の第二の特徴は非正規雇用への打撃がリーマンショック期以上に大きかったことです。飲食・宿泊サービス業や小売業では従来からパートやアルバイトなどの非正規雇用の比率が特に高いのですが、コロナ禍はこれらの産業を直撃しました。リーマンショック期は「派遣切り」に代表されるように、男性非正規雇用の削減が顕著でしたが、コロナ禍では女性非正規雇用の減少が男性を大きく上回っています（**図 3-4-**

図 3-4-2　非正規雇用の減少（対前年同期差）
― リーマンショック期とコロナ禍期の対比

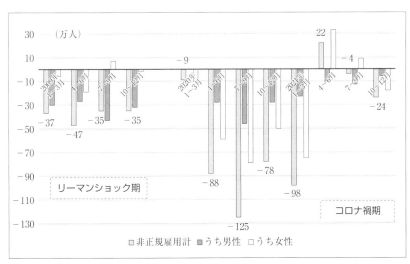

（出所）「労働力調査（詳細集計）」四半期集計、長期時系列表 9-1 より作成。

---

[11]　20 年 4 ～ 6 月期の広義の失業率 a は 7.0％、同 b は 7.7％でした。広義の失業率 a、b は表 3-4-1 を参照下さい。

表 3-4-2 前職が非正規雇用で過去 1 年間に離職した者の現在の就業状況（男女計）

(単位：万人)

前職→現職 (または現在の就業状態)	2019年	20年	21年	22年	23年
①非正規雇用→正規雇用	42	36	29	29	33
②非正規雇用→非正規雇用	142	128	112	117	126
③非正規雇用→雇人のない自営業主	5	5	4	4	4
④非正規雇用→失業者	33	42	38	32	36
うち非自発的理由の離職	12	21	19	13	14
⑤非正規雇用→完全失業者	33	38	34	30	32
うち非自発的理由の離職	12	19	17	12	13
⑥非正規雇用→非労働力人口	36	36	27	25	27

(出所) ①～③：「労働力調査（詳細集計）」各年、第Ⅱ-7表／④、⑤：同、第Ⅲ-10表／⑥：同、Ⅳ-4表より作成。

2)。

　図示していませんが、2019年から22年にかけて非正規雇用は合計64万人（男性22万人、女性43万人）減少しました。とくに減少幅が大きかったのは15～24歳および35～54歳層の女性です。前者は学生アルバイト、後者はパートで、いずれも飲食サービス業や小売業の基幹的労働力です。

　このようにコロナ禍で非正規雇用が急減しましたが、その多くが完全失業者になったわけではありません。表3-4-2によれば、他の非正規職に移動した人が最も多かったのですが、その他に個人事業主を含む自営業主や非労働力人口となった人に加えて、正規雇用に移動した人も少なくありません。この表には男女別内訳を示していませんが、非正規雇用から正規雇用への移動は特に女性で目立っています。

（3）正規雇用の増加について

　非正規雇用と正規雇用の間を行き来する労働者が少なからず存在していること、とくに女性に多く見られるということは、正規雇用の内実が変容しつつあることを示唆しています。第3部Ⅲで「名ばかり正規雇用」の増加に言及しましたが、「労調」や「就調」の「正規雇用」（正規の職員・従業員）は、①期限の定めのない雇用、②直接雇用、③標準的労働時間というメルクマールを有する「正社員」にあてはまらない人びとを含むようになり、徐々にその数は増えているのではないかと推測されます。日本経団連はじめ財界が「日本型雇用システムの見直し」や、「円滑な労働移動の推進」を打ち出しているもとで（日本経団連 2022）、この傾向はより強まりつつあると思われます。

　この結果、2017年から22年までの5年間で正規雇用は160万人（男性9.6万人、女性150.6万人）増えています（表3-1-1）。コロナ禍で少なからず正社員の人員整理が行われたにもかかわらず、とくに女性の正規雇用が増えているというのはなかなか理解しがたいことですが、政府統計（「労調」や「就調」）ではそのような結果が出ています。

　同様の例をもう一つあげておきましょう。「就調」の産業別・雇用形態別統計表によれば17年から22年にかけて「公務」[12]の正規雇用が8.9万人増加しています（国家公務4.9万人、地方公務4.0万人の増）。一方、内閣官房「国家公務員在職状況統計表」ではこの5年間の国家公務員の増加は3226人[13]にとどまっています。二つの統計表の差異はかなり大きいです。

　コロナ禍におけるおもに女性の正規雇用の増加要因について、勤務地限定正社員、職種・職務限定正社員制度の導入、さらに2022年10月に実施

---

[12] 「就調」の産業分類では、公立学校の教員や国公立病院の職員などはそれぞれ「教育」、「医療・福祉」に区分されるため、ここでの「公務」はおもに中央官庁や地方自治体の行政関連の職員と考えられます。

[13] 行政職俸給表（一）および同（二）、専門行政職俸給表、税務職俸給表の職員を合算して算出しました。

された「就調」でオンラインによる回答方式が本格的に導入された影響などを含め、多角的に吟味する必要があるように思います。

雇用統計は実態を正しく反映しているか

　本書では、「労調」や「就調」などの総務省統計局の公的統計を活用して雇用の実態と変容について考察してきました。ところが、私たちの実感や、丹念な取材にもとづくすぐれたルポルタージュが報じた事実、さらに他の公的資料のデータと、これまで紹介した統計の結果が必ずしも一致しない状況がとくにコロナ禍で目立つようになりました。本書でおもに依拠した「労調」や「就調」は「国勢調査」のような国内の全世帯を対象に実施する全数調査ではなく、無作為に抽出された世帯に対して実施する抽出調査です[14]。調査を所管する総務省統計局は調査票の回収率を公表していませんが、不規則かつ長時間労働や深夜労働に従事する人、定まった住まいがなくネットカフェなどに寝泊まりしている人など、働き方や生活に困難を抱えている人びとほど、これらの調査から漏れている可能性があります。統計を利用する際にはこのことに留意する必要があるでしょう。

　なお、コロナ禍の雇用統計に関して、ここで述べた点について関心のある方は伍賀（2022a）をご覧下さい。

（4）コロナ禍の貧困の拡大、暮らしへの不安

　これまで見たように「労調」や「就調」などの雇用統計に依拠する限りでは、コロナ禍にもかかわらず女性の正規雇用が増加するなど、雇用の不安定化とは言えない一面が浮かび上がっています。その一方で変異株のあいつぐ出現によってコロナ禍が長期化し、低所得層、非正規労働者（とくに女性）、シングルマザーなど生活基盤が脆弱な人びとに困難が集中しま

---

[14] 「労調」や「就調」では、たとえば作業員宿舎が調査対象の住戸に抽出された場合、宿舎の各部屋を1世帯として、そこに居住する人を対象に調査することになっています。

した。その一端は第1部Ⅲで見たとおりです。

1 ひとり親世帯の困窮

前述のとおり（Ⅳ（1））、野村総研「コロナによる休業者の実態と今後の意向に関する調査」は、世帯年収200万円未満のパート・アルバイト女性の8割近くは休業手当を受け取っていないことを明らかにしました。この調査の担当者は、生計を維持する上でパート・アルバイト女性の収入が非常に重要であった世帯が多いこと、また休業中のパート・アルバイト女性自身が主たる生計の維持者であった世帯も少なくないことが推察される、そうした状況にある女性が、本来受け取り可能な休業手当を受け取れず、強い不安と生活困窮に直面している実態が浮かび上がったと述べています。

コロナ禍の休業手当の不支給について、NHKとJILPTが2020年11月に民間企業労働者を対象に共同で実施した調査によれば、「支払い対象ではないと言われた」28.6％、「もらえることを知らなかった」16.9％、両者を合わせると45.5％になります[15]。労働者の権利についての知識がまだまだ多くの人に行きわたっていないことを示しています。「権利を知ることは自分の身を守ることだ」ということを強調したいと思います。

JILPTが20年11月末に実施した「新型コロナウイルス感染症のひとり親家庭への影響に関する緊急調査」結果によれば（20年12月10日公表）、20.2％のひとり親が「月あたり収入が感染症の影響で、減少したまま戻っていない」と答えています。ひとり親以外では18.5％でした。世帯の貯蓄金額はひとり親世帯では「貯蓄は一切ない」が最も多く（23.6％）、50万円未満（17.0％）を合わせると40.6％になります。ひとり親以外ではそれぞれ18.0％、10.0％、計28.0％で、両者の差は明らかです。

2020年の年末に向けての暮らし向きについては60.8％のひとり親が「苦

---

[15] https://www.jil.go.jp/tokusyu/covid-19/collab/nhk-jilpt/docs/20201113-nhk-jilpt.pdf （アクセス日時：2024年12月21日）

しい」と回答していました（「大変苦しい」27.4％、「やや苦しい」33.4％）。これに対し、既婚・子ありや子なしのひとり親以外は「苦しい」という回答は計47.6％でした。

　21年以降も生活の厳しさを訴える声は減っていません。JILPTが2021年10月に実施した「新型コロナウイルス感染拡大の仕事や生活への影響に関する調査」（JILPT第6回調査）の一次集計結果によれば、コロナパンデミック以降における民間企業雇用者の月収は「ほとんど変わらない」が回答の約3分の2（66.8％）を占める一方、約7分の1（14.4％）は「低下したままの状態」と答えています。現在から年末にかけての暮らし向きについて、フリーランスを加えた全回答者の38.6％が「苦しい」と答えました。「ゆとりがある」（11.2％）と回答した者との差は27.4ポイントとなりました。コロナ禍直前の暮らし向き（16.4ポイント差）より11.0ポイントの悪化です[16]。なお、「国民生活基礎調査」（2021年）では、生活意識について世帯53.1％が苦しい（「大変苦しい」23.3％、「やや苦しい」29.8％）と回答しています。

2　22年以降の異常な物価高の打撃

　22年以降の生活必需品の値上げラッシュはコロナ禍で痛んだ国民生活にさらに大きな困難をもたらしています。第1部Ⅲでも取り上げましたが、主要食品2万点以上の値上げは電気・ガス料金の大幅値上げと合わせ、国民生活に及ぼす影響はきわめて深刻です。とりわけ低所得層に大きな打撃となっています。異常な物価高は25年を迎えても収まるどころか、さらに加速しています。

　22年以降の物価高騰の要因は二つです。一つは、ロシアのウクライナ侵略が引き起こした貿易の縮小により原燃料や穀物の国際価格が急上昇していること、いま一つは、これに加えて急激な円安によって輸入価格が大

---

[16] https://www.jil.go.jp/press/documents/20211222.pdf（アクセス日時：2022年3月2日）

幅に上昇していることです。原燃料や原材料、農産物の多くを輸入に依存している日本にとって、いわばダブルパンチとなっています。

低金利政策への固執

　第二次安倍政権以来、低金利政策を続ける日本と、景気の過熱を警戒して利上げに踏み切ったアメリカとの金利差が拡大しています。円を売って、利回りの高いドル資産に買い換える動きが進み、円安が加速しています。21年12月に1ドル＝113円（月間平均）だった外国為替相場は、22年9月1ドル＝143円（同）に、24年7月（同）には一時160円台まで円安が進みましたが、24年12月時点では156円です。円安によってトヨタのような大企業は輸出の拡大で利益を増やすとともに、海外生産で稼いだドル資金を円と交換することで莫大な為替差益を獲得しています[17]。旅行業界や観光地では、円安による海外からの旅行客の増加というメリット（いわゆるインバウンド効果）はありますが、多くの国民や中小企業、個人事業主にとって円安はマイナスの影響の方が大です。

　とくに製造業の下請中小企業のなかには海外から輸入した原材料を加工して製造した部品を国内大企業に納入するケースが多く見られますが、円安で高騰した仕入れ価格を製品価格に転嫁できず、円安による不利益を自社（下請企業）で引き受ける事例が生まれています。部品を購入する大企業から見れば為替変動のリスクを中小企業に押しつけることでみずからは回避できる形になっているのです[18]。

物価高による国民生活の窮迫

　物価高は23年以降も波状的に国民生活を圧迫しています。総務省の

---

[17] トヨタ自動車の2023年度のグループ全体の決算では、営業利益が5兆3500億円余りとなり、日本の上場企業で初めて5兆円を超えました。ハイブリッド車を中心に販売が好調だったことや、円安で利益が押し上げられたことが主な要因です（NHKニュースなど、2024年5月8日）。
[18] 小林健・日本商工会議所会頭は「中小企業を為替ヘッジに使うな、大企業は価格転嫁を認めよ」と主張しています（「日本経済新聞」2024年8月18日付）。

「家計調査」(2023年9月)によると、2人以上の世帯の消費支出は28万2969円と、物価変動の影響を除いた実質で前年同月比2.8%減少しました。消費支出のマイナスは7か月連続です。とりわけ食料など生活関連や住宅への支出が減り、消費を押し下げました(「日本経済新聞」電子版、2023年11月7日付)。異常な物価高は中小企業の経営にも打撃となっています。帝国データバンクの調べでは原材料高に販売価格の引き上げが追いつかない「物価高倒産」は2022年度に463件と過去最多になりました(「日本経済新聞」電子版、2023年5月3日付)。

統計数値だけからは生活への具体的影響がすぐにはピンときませんが、異常物価高は食卓に並ぶおかずの品数が減り、毎日風呂に入ることが難しくなる、エアコンをつける時間も限られる、袋にはいっているクッキーが一つ少なくなった、などというようにジワジワと生活に及んでいます。

物価高騰によって生活に行き詰まる人びとが増え、炊き出しや食料配布を求める列が増え続けています。東京の都庁前で、コロナ禍で始まった毎週土曜日の食品配布会が24年1月に200回を迎えました。20年4月の1日あたりの平均利用者は119人でしたが、23年12月には過去最多の779人にのぼりました(東京新聞デジタル、24年1月27日付)。各地で同様の支援が行われていますが、物価高騰の影響で、支援団体に寄せられる物品が減少しています。生活危機の打開は国の責任で実行すべきです。

V 「雇用によらない働き方」とプラットフォーム労働

Ⅲで述べたように、2012年末に政権に復帰した安倍首相は労働者派遣法を改正して(2015年)、派遣先企業が期間制限なしに派遣労働を利用できる仕組みを導入するとともに、「雇用によらない働き方」(個人事業主、

V 「雇用によらない働き方」とプラットフォーム労働

フリーランス)を拡大する政策を進めました。働き方改革関連法制定(2018年)や高年齢者雇用安定法の改正(2020年)などです。近年の行政文書や「就調」などの政府統計では、「個人事業主」ではなく「フリーランス」という用語を多用するようになりました。freelance(自由契約者)の「自由な働き方」という響きが好ましいと考えているのかもしれません。

一連の政策によって、従来型の非正規雇用(パート、アルバイト、派遣労働者、契約社員など)に加えて、個人事業主(以下、「ワーカー」と呼びます)も増加しています。近年はプラットフォーム(PF)を運営する企業(PF企業)の登場によってワーカーの動員が以前にも増して組織的に行われています。コロナ禍はこうした動きを加速しました。離職を余儀なくされたり、休業状態になった労働者は当面の収入を得るため、ウーバーイーツの配達員などとして働いたのです[19]。

ワーカーは、「企業に縛られない自由な働き方」という一面がありますが、同時に非正規雇用以上に仕事が不安定で、収入も低く、言わば失業と隣合わせの性格をもっています。労働者と変わりない働き方をしている人についても、使用者はあえて「ワーカー」と位置づけるケースが少なくありません。労働法の適用から排除されているワーカーが拡大すると、労働者全体にマイナスの影響を及ぼします。とくにプラットフォーム労働(PF労働)は労働者派遣事業に対して築いてきた規制を掘り崩す作用を持っています。

PFによる個人事業主化(ワーカー化)の推進は欧米が先行しており、欧米諸国のPF企業はインターネットをとおして途上国の個人事業主の活用を活発化するなど、半失業・産業予備軍の動員は国境を越えて広がろうとしています。PF労働という新たな不安定就業の拡大にどう対応するか、いまILOや欧米諸国で活発に議論されています[20]。

---

[19] 「日本経済新聞」は料理宅配の配達員が2020年8～9月時点で延べ4万人を超え、コロナ禍で外食店舗が従業員を減らすなかで新たな雇用の受け皿になったと報じました(2020年10月10日付)。

日本におけるワーカーはPFが登場する以前から数多く存在していました。そこで、全体状況についてはじめに述べておきましょう。

（1）ワーカーの現状と働き方・働かせ方

1　ワーカーの人数について

　ワーカーの定義が定まっていないこともあって、これまでワーカーの人数を直接示す公的統計はありませんでしたが、2022年の「就調」ではじめて調査項目に「フリーランス」が追加されました。同調査ではワーカーをフリーランスと称し、その定義を「実店舗がなく、雇人もいない自営業主や一人社長であって、その仕事で収入を得る者」としています。「一人社長」は企業の役員ではなく、自営業主に分類されると考えられるため、

図3-5-1　非農林業・雇無し自営業主の推移（2001年→23年）

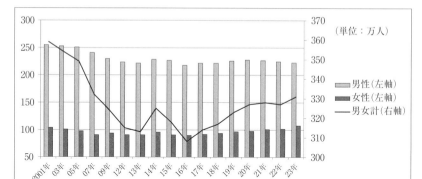

（注）2011年は東日本大震災のため、調査が実施されない月があったため、年次集計はない。
（出所）2001年～12年：「労働力調査（基本集計）」第1表、2012年～22年：同調査、第Ⅰ-1表より作成。

---

[20]　ILOは2025年と26年の総会で「プラットフォーム経済におけるディセント・ワークに関する新しい国際労働基準」を正式議題とすることを決めており、新しい条約または勧告の採択に向けて動き出しています。

V 「雇用によらない働き方」とプラットフォーム労働

「就調」のフリーランスは自分一人または家族従業者とともに仕事をしている、店舗などの事業所をもたない自営業主ということになります。たとえば、理容師・美容師、社会保険労務士、司法書士などが店舗や事務所を構えて仕事をしている場合はワーカーから除外されるでしょう。

ところで「就調」（2022 年）によれば、ワーカーを本業としている人は209 万人（男性 146 万人、女性 63 万人）です。同年の派遣労働者は 152 万人（男性 56 万人、女性 95 万人）でしたから、いまやワーカーが派遣労働者を上回ったことになります。

では 2022 年以前のワーカーの人数はどの程度だったでしょうか。図3-5-1 は非農林業の「雇い人のいない自営業主」（内職を除く）の推移を示しています。ワーカーの多くはここに含まれています。同図によれば、2001 年から 16 年まで、14 年を除いてほぼ一貫して減少していますが、これはおもに個人商店や個人経営の工場の倒産や廃業によるものと考えられます。ところが 16 年を底に 17 年以降は増加に転じました。コロナ禍で商店や工場が増加したとは考えにくいので、これはもっぱらワーカーの増加を反映したものでしょう。

図表は省略しますが、「労調」によれば 2000 年から 2016 年までの 16 年間に雇い人のいない業主は年平均 4.3 万人減少しています。この減少傾向が続いていていたならば、16 年から 23 年まで 7 年間に約 30 万人減少し、23 年には 280 万人近くに減っていたはずです。ところが、図 3-5-1 では 306 万人（2016 年）から 331 万人（23 年）へ、逆に 25 万人増えています。これはワーカーの増加によるものとみて間違いないでしょう。

注目したいのはコロナ禍で非正規雇用が減少したのに対し（図3-4-2）、ワーカーは逆に増えていることです。22 年になると飲食・小売業をはじめ経済活動の再開にともない、パート、アルバイトなど非正規雇用は増加に転じましたが、ワーカーは減少していません。ワーカーの増加はコロナ禍での非正規雇用の一時的な受け皿だったわけではありません。

ところで図 3-5-1 の原資料である「労調」は調査対象者の「主な仕事」

について集計しているため、ワーカーを副業とする人は含まれていません。それゆえ副業従事者を含むワーカーの実数はこれよりもはるかに多いと見てよいでしょう。

2 ワーカーの分類（その1）

ではこのように増加しているワーカーはどのような働き方をしているのでしょうか。ここではワーカーをいくつかのタイプに分類し、それぞれの特徴をみることにします[21]。

①偽装個人事業主 ―「誤分類」された事実上の雇用労働者

ワーカーは「労調」や「就調」では自営業主に分類されています。個人経営の工場主・商店主・農家のように、自営業主はみずから生産手段を所有し、単独であるいは家族従業者とともに、通例、自宅で事業を営んでいます。ワーカーも自営業主扱いされていますが、実店舗や事業所はありません。開業医や弁護士、会計士のような専門職の人びとも従業上の地位からいえば自営業主に含まれますが、高所得者が多く、しばしば自宅外に事業所を設けています。これらの自営業主は同じ自営業主であってもワーカーとは異なるタイプです。

これに対し、企業に雇用されている労働者は使用者と労働契約（雇用契約）を締結して、その指揮命令下で就労し、対価として賃金を得ています。本来、自営業主と労働者は明確に区別されますが、実際には両者の違いが不明確な働き方・働かせ方が増えています。このなかには、労働者であるにもかかわらず、使用者が意図的に労働契約ではなく、業務委託契約（業務請負契約）を締結し、「雇用によらない働き方」、つまり自営業主に類似の形態として扱うケースがあります。これは「誤分類されたワーカー」として国際的にも注目されています。

---

[21] この項で取り上げた個人事業主の具体例は、脇田滋編（2020）を参照しました。

塾や学校、英会話教室の講師、タクシーや宅配便のドライバー、アニメーター、IT業界のシステム・エンジニア（SE）、布団販売、電気メーター工事作業員、ホテル支配人、ヨガ指導者、美容師・理容師など多くの分野に誤分類されたワーカー（偽装個人事業主）が広がっています（脇田編 2020）。さらに放送業界や出版業界では以前から構内常駐形態でワーカーが就労していました。社員と同じように毎日出勤し、「常駐フリー」と呼ばれています（北 2020）。

また、建設業の「一人親方」も独立した自営業主というより事実上の雇用労働者に近い働き方を強いられています。1970年頃までは大工・左官はじめ職人の親方が報酬額を決定するなど自律性を確保していたのですが、大企業の住宅メーカーが建設業界に参入することで「元請け ― 1次下請 ― 2次下請 ― 3次下請……」という多重下請構造が形成され、現場作業を担う一人親方はその最末端に組み込まれるようになりました。各層ごとの業者がマージンを中抜きするため、多重化が深まるごとに最末端の一人親方の収入は削り取られていきます（柴田 2023）。全国の原発の定期点検時や福島第一原発の廃炉作業に全国から集められている作業員のなかにもこうした一人親方が多数含まれています。

これらのワーカーは就労先企業への人的または経済的従属性の強い非正規労働者と考えるべきで、労働基準法や最低賃金法、あるいは少なくとも労働組合法が適用されるべき人びとです。このような労働者性の濃厚なタイプをワーカー a としておきましょう。これは前述のとおり、雇用労働者にもかかわらずワーカーとして「誤分類」されている働き方・働かせ方です。

たとえば、いま係争中のビジネスホテルチェーン「スーパーホテル」（東京）の支配人・副支配人のケースはその典型です。二人は膨大な量のマニュアルで業務がこと細かに指示され、住み込みで24時間拘束される就労を強いられていました。アルバイト従業員の人件費が支配人・副支配人の報酬から差し引かれ、時給換算200円程度になることもありました。

二人は首都圏青年ユニオンに加入し、会社に長時間労働の是正や残業代の支払いを求めたところ、解雇され住まいも奪われたのです（20年3月）。いま労働者としての地位確認と解雇撤回を求めて東京地裁に提訴してたたかっているところです。
　ここに至る過程で、労働基準監督署に是正を訴えたものの、「9割黒でも1割白なら個人事業主」と言われたといいます[22]。アメリカでは行政が積極的に「誤分類」の是正を図っていますが、日本の労働行政は極めて消極的です。
　内閣官房日本経済再生総合事務局による「フリーランス実態調査」（2020年、以下、内閣官房調査と略称）では36.8％が「業務の内容や遂行方法について、具体的指示を受けている」と答えています。「勤務場所や勤務時間が指定されている」（16.0％）、「自分が受けた仕事・業務の遂行を他の人に依頼することが認められていない」（14.2％）、「報酬が作業に要した時間数に基づき計算されている」（12.9％）などをあげた人もいました。これらは「誤分類」を疑わせるデータです。

②雇い人を有する個人事業主 ── フランチャイズのオーナーの場合
　次に、アルバイトやパートを雇用する個人事業主を取り上げましょう。その典型はフランチャイズ形式で店舗経営に従事するコンビニのオーナーです。パートやアルバイトを雇い使用者としての側面を持ちつつも、売上げ総利益の40〜50％をロイヤリティとしてコンビニ本部に支払わなければならず、営業日や営業時間帯（24時間営業が原則）をはじめ、商品の品揃え、陳列の仕方に至るまで本部からこと細かに指示されており、所得や経営実態に即して見れば、使用者（フランチャイズ本部）の組織に組み込まれ、その指揮下にある労働者としての性格が濃厚です[23]。とくに営業時

---

[22]　「首都圏青年ユニオンニュースレター」2022年2月27日号、「しんぶん赤旗」2020年5月29日付、同、22年3月8日付。

間をめぐってオーナーの意思はまったく無視されており、健康面に深刻な影響を及ぼしています。その時間当たり所得はコンビニのアルバイトの時給にも及ばないこともあるといいます（個人事業主 β）。

　東大阪市にあったコンビニ店のオーナーだったMさんは、妻の死去の後、アルバイト確保が難しくなるなか、自身が1日22時間もシフトに入るなどして店舗を切り盛りしていましたが、過重労働を強いられている状態を打開するため、2019年2月、午前1時から6時まで店を閉じる時短営業に踏み切りました。これに対し、当初コンビニ本部は契約違反を理由に、フランチャイズ契約の解除と1700万円の違約金支払いを求めてきましたが、世論の批判を受けて撤回したものの、Mさんの顧客対応の問題を理由に閉店に追い込みました。Mさんはこの措置の撤回を求めて裁判に訴えたのですが、大阪地裁、高裁、最高裁ともにこの訴えを認めませんでした。

　コンビニの24時間営業は利用する側にとっては好都合ですが、働き手に多大な負担を強いています。夫婦でコンビニを経営する場合、妻は日中にアルバイトとともに働き、夜間は夫が一人で働くというケースが多くあります。夫婦の生活はすれ違い、親戚の葬儀の参列も容易ではありません。アルバイトを増やせば仕事の負担は軽減されますが、その経費分だけオーナーの収入を削ることになります。これを避けるにはオーナー夫婦の長時間労働によるほかに道はありません。夫婦それぞれが毎月250時間働くのは当たり前、多い人では400時間以上働くといいます。それだけ働いても夫婦の所得は二人合わせて年間500万円以下が半数ほどです（脇田編2020: 92頁）。

　オーナー制はコンビニだけでなく、クリーニング業界にも広がっていま

---

[23] コンビニ加盟店ユニオンがフランチャイズ本部との団体交渉を求めた訴えに対して、岡山県労働委員会（2014年3月）および東京都労働委員会（2015年4月）は「コンビニオーナーは労働組合法上の労働者に該当する」との命令を出しましたが、中央労働委員会はこれを否定する逆転命令を出しました。この決定を不服として、コンビニ加盟店ユニオンは行政訴訟に訴えたのですが、22年6月東京地裁はこれをしりぞける判決を下しました。

す。大手企業はクリーニング工場の周囲に数十の取次店を置いて顧客の洗濯物を取り次ぐ方式をとっています。取次店のオーナーを増やすために、大手企業はオーナー募集の際には収入面などでバラ色の宣伝をしていますが、それはアルバイトやパートを雇わずにオーナーが一人で店を切り盛りする場合のことです（前掲書、72〜76頁）。コンビニにも共通しますが、オーナーの労働時間を減らすためにアルバイトを増やすならば、その人件費はオーナーの負担となり、自分の生活費を切りつめる結果になるため、容易ではありません。

③自営型個人事業主

　特定の業者と専属契約を結ぶことなく、複数の業者と随時契約して就労するタイプのワーカーの形態があります（ワーカーγ）。舞台照明デザイナー、音楽演奏家、俳優など文化芸術分野に多く見られます。音楽家ユニオンに加盟する楽団員で曲目により臨時に楽団に加わる演奏家や、バック・ミュージシャン（プロデューサーの指示で演奏、演技する）の場合、たとえば本番の出演料は7万円支払われますが、練習期間はその半額、楽器の運送代などは個人負担の場合があるといいます。

　個人事業主はもちろんのこと、事務所と雇用関係のあるミュージシャンや俳優であっても、賃金額や支払い方法などについて文書による契約をとりかわさないことも多く、生活は安定していません。そのため、演奏活動をしながら自宅で音楽教室を開いて生徒を教えたり、なかには音楽とは関係のないタクシー運転手やスーパーのパートのアルバイトで収入を確保する人もいます（藤井 2020）。

④非雇用型ワーカー

　高度成長期から1980年代にかけて自営業者と労働者の中間に内職（家内労働）に従事する人びとが多数存在し、その多くは製造業の末端工程の部品加工を担っていました[24]。90年代末以降、インターネットの普及に

V 「雇用によらない働き方」とプラットフォーム労働

ともなって、在宅労働は大きく変貌しました。発注業者とワーカー間の仕事の受発注はもっぱらネット経由になり、仕事内容も、データ入力、録音の文字データ化(テープ起こし)のような事務作業から、イラスト制作、アプリ開発や Web デザイン、CAD による製品の設計、市場分析、ライターなどの専門的業務に広がっていきました(後出、表 3-5-2 参照)。「時間・空間・企業に縛られない働き方」とされる、インターネットを介した非雇用型ワーカーです(個人事業主 δ)。内職とは異なって家内労働法は適用されず、発注業者との関係は請負契約です。ただし、これらのなかにも発注業者の指揮命令下に入って作業する事例など、個人事業主 a に類似の働き方をしている人も少なくありません。

3 ワーカーの分類(その2)

図 3-5-2 は、プラットフォーム労働の出現による働き方の変化を整理するために作成したものです。「雇用か、非雇用か」、「オンライン型(リモートワーク)か、それとも事業所内就労のように場所的・空間的限定をともなう現場対面型か」に加えて、「プラットフォームを介在する就労

図 3-5-2 ワーカーの就労パターン

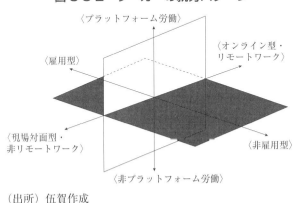

(出所)伍賀作成

---

[24] 内職(家内労働)については神尾(2007)を参照ください。

（プラットフォーム労働）か、否か」の座標軸を加えました。

①現場対面型か、リモート・オンライン型か

　ワーカーの業務のなかで、事務関連や専門業務の一部、生活関連サービス、現場作業関連業務は、事業所内の作業や、特定の場所でサービスの受け手とコミュニケーションを取りながら対面で行われる作業が多く、さしあたり「現場対面型業務」と呼んでおきましょう。講師、インストラクター、美容師、ドライバー、配達員、建設業一人親方などがその典型です。

　他方、デザインやIT関連、翻訳などの専門業務やチラシ作成、音声データの文字化などの事務作業の一部は、受発注から製品・サービスの納入、報酬の授受まですべてオンラインで完結するものが多い「オンライン型業務」です。あとでもう一度触れますが、オンライン型は地理的制約がないため、国境を越えて業務の受発注が可能となります。たとえば日本の情報関連の業者がインド在住のIT技術者のワーカーに業務を委託し、ワーカーがこれに応ずれば取引きが成立します。現に、アメリカのPF企業は日本のワーカーをターゲットに翻訳などの業務の発注をしています。

②プラットフォーム労働か、非プラットフォーム労働か

　かつては発注業者（a）がインターネット上で業務の引き受け手（b）を直接募集し、それにワーカーが応募して取引きが成立するという形態が一般的でした。近年はPF企業（日本ではクラウドワークス、ランサーズなど）が両者（aとb）をネット上で仲介する形態や、PF企業自身が発注業者から業務を受託し、それをワーカーに委託する形態が増えています。

　PFの登場はワーカーの働き方に大きな変化を引き起こしていますが、これについては次項（2）で詳しく取り上げます。

4　ワーカーの職業、業務内容

　今日のワーカーは以上のようなタイプに分類できますが、より詳しく、

V 「雇用によらない働き方」とプラットフォーム労働

ワーカーの職業および業務内容について見ましょう。

表3-5-1は「就調」をもとにしたワーカーの職業別構成を示しています。男女ともに最も多いのは専門技術職です。このなかには機械や電気設計、情報関連の技術者、税理士や司法書士のような法務・税務職、記者やライター、デザイナー、イラストレーターなどが含まれています。非常勤の教員も学校と労働契約なしに教壇に立っていることがあります。また、

表3-5-1 ワーカーの職業別構成

(単位：人、％)

	男女計		男性		女性	
総数	2,093,700	100.0	1,460,100	100.0	633,600	100.0
専門的・技術的職業従事者	664,700	31.7	391,800	26.8	273,000	43.1
技術者	142,300	6.8	123,800	8.5	18,500	2.9
保健医療従事者	33,300	1.6	17,900	1.2	15,500	2.4
教員	5,400	0.3	2,600	0.2	2,800	0.4
事務従事者	77,300	3.7	29,400	2.0	47,900	7.6
販売従事者	280,900	13.4	182,700	12.5	98,200	15.5
商品販売従事者	107,800	5.1	73,100	5.0	34,700	5.5
販売類似職業従事者	140,400	6.7	85,200	5.8	55,200	8.7
営業職業従事者	32,700	1.6	24,400	1.7	8,300	1.3
サービス職業従事者	91,300	4.4	38,700	2.7	52,700	8.3
家庭生活支援サービス職業従事者	5,800	0.3	900	0.1	4,900	0.8
生活衛生サービス職業従事者	27,200	1.3	5,500	0.4	21,700	3.4
飲食物調理従事者	6,400	0.3	5,200	0.4	1,300	0.2
接客・給仕職業従事者	3,200	0.2	1,500	0.1	1,700	0.3
保安職業従事者	3,800	0.2	3,600	0.2	200	0.0
生産工程従事者	298,100	14.2	193,000	13.2	105,000	16.6
製品製造・加工処理従事者（金属製品を除く）	136,200	6.5	56,700	3.9	79,500	12.5
生産関連・生産類似作業従事者	63,000	3.0	56,400	3.9	6,600	1.0
輸送・機械運転従事者	52,300	2.5	50,700	3.5	1,600	0.3
建設・採掘従事者	421,700	20.1	418,300	28.6	3,400	0.5
運搬・清掃・包装等従事者	165,800	7.9	122,000	8.4	43,800	6.9

(出所)「就業構造基本調査」2022年、第74表より作成。

男女ともに販売職にも多く従事しています。マンションのセールスに来た人が会社に雇われた労働者ではなく、ワーカーだったという例などです。

男性で多い職種は建設職で、ワーカーの3割近くを占めています。前述の建設業の「一人親方」（大工、左官工、塗装工など）がその大半と考えられますが、このほかに実態は雇用されているけれども「一人社長」の形態で建設業の多重下請けの末端に組み込まれているケースもあります。対外向けには「〇〇工業や△△建設の社長」を名乗るように事実上の使用者から指示されています。雇い主の建設会社が健康保険、年金、雇用保険や労災保険の保険料負担を逃れるための違法行為ですが、原発作業員にしばしば見られます（川上　2011）[25]。

表3-5-1にかえりましょう。生産工程従事者が男女ともに多いですね。男性だけでなく女性も10万人を超えています。内職は「就調」のフリーランスから除外されているため、これには含まれません。そうすると生産工程に従事するワーカーの多くは工場で働く事実上の労働者ではないでしょうか。細かいことですが、アニメーターは総務省の職業分類では表3-5-1の「生産関連・生産類似作業者」に、イラストレーターは専門的・技術的職業従事者に分類されています。

サービス職のワーカーの数はそれほど多くありませんが、働き方・働かせ方には種々の問題が指摘されています。エステティシャンや美容師・理容師も労働契約ではなく業務請負契約で働いているケースがあります。同様に、飲食物調理職や接客・給仕職業従事者も居酒屋やクラブなどでワーカーとして働いている人が少なくありません。いずれも労働者としての権利の行使を妨げられています。

最近注目されているウーバーイーツのような料理配達や、アマゾンやク

---

[25] 川上（2011）には原発作業員としての次のような体験が記載されています。「安全教育が終わって1週間後に、やっと現場に入れるようになった。……我々の身分は期待していたような正社員ではなかった。正社員ではないのなら臨時ということなのだろうが、何かよくわからない会社を無理やり作らされ、そこの社長でありながら、その会社からの出向社員という立場で働かされることになった」（同、145～146頁）。

V 「雇用によらない働き方」とプラットフォーム労働

表 3-5-2　ワーカーの主な業務内容

分野	具体的業務内容	比率
事務関連	データ入力作業、文書入力、テープ起こし、添削、校正、採点、取引文書作成、伝票書類整理、コールセンター、問い合わせ対応業務など	19.0
デザイン、映像制作関連	デザイン、コンテンツ制作、コピーライター、カメラマン、映像・画像・音楽制作、編集、アニメーター、イラストレーター、広告、ちらし作成など	8.8
IT関連	ウェブサイト作成、ウェブサイ上の情報更新、ウェブサイトのシステム運営・管理、計算処理、プログラミング作業、アプリやシステムの設計、ソフトウエア開発、SE、ソフトウエアのバグチェック、テクニカルサポート、オンラインのインストラクターなど	8.6
専門業務関連	調査・研究、コンサルタント、学校・塾等教育関係の講師、インストラクター、機械設計、電気技術・設計、建築・土木設計、測量技術、翻訳、通訳、営業、販売（不動産、化粧品、保険、食品など）、税務・法務等行政専門サービス、原稿・ライティング・記事等執筆業務、鍼灸、整体、マッサージ、楽器演奏、歌唱、俳優、モデル、司会など	39.6
生活関連サービス、理容・美容	理容師、美容師、スタイリスト、エステティシャン、ネイリスト、接客サービス、育児・介護サービス、ペット関連サービスなど	9.1
現場作業関連	運輸、輸送、配送関係のドライバー、ポスティング、ちらし配り、製造、組立、生産工程、整備・点検・修理、建設・現場作業、清掃、メンテナンスなど	15.1

（出所）労働政策研究・研修機構「独立自営業者の就業実態と意識に関する調査（ウェブ調査）」（2017年）より作成。

ロネコヤマトの宅配便の配達従事者は表3-5-1では「運搬・清掃・包装等従事者」（このうち職業小分類では「配達員」）に分類されます。

表 3-5-2 はこれらの業務内容を整理・分類したものです。元の資料はJILPT が2017年12月に実施した調査で、ワーカーが最も多く行った業務の分布状況を集計したものです。前出の表3-5-1 はワーカーの人数を職業別に集計していますが、表3-5-2 は実際に行った業務を尋ねており、設問が異なるため、単純な比較はできません。とはいえ、すぐに気づくこと

は後者では建設・現場作業の業務がきわめて少ないことです。この表には煩雑を避けるため詳細な数値を記載していませんが、建設・現場作業の業務の比率はわずか 2.4％ しかありません。

　表 3-5-2 の元になった JILPT 調査では調査会社が保有する登録モニターを対象に調査しているため、「就調」をもとにした表 3-5-1 に比べ調査のサンプルに偏りがある可能性が考えられます。

5　失業と隣り合わせのワーカー

　前述の内閣官房調査によれば、「フリーランスという働き方を選択した理由」について（複数回答）、「自分の仕事のスタイルで働きたいため」（57.8％）、「働く時間や場所を自由にするため」（39.7％）が多数を占めています。他方、「フリーランスとして働く上での障壁」については、「収入が少ない・安定しない」という回答が 59.0％ と、他の選択肢を圧倒しています。これに「1 人で仕事を行うので、他人とのネットワークを広げる機会が少ない」（17.2％）、「仕事がなかなか見つからない」（15.3％）、「仕事が原因で負傷した場合や疾病になった場合の補償がない」（12.7％）、「就業時間や休日に関する規制がない」（11.1％）、「契約条件があいまい・事前に明示されない」（10.7％）、「社会的信用を得るのが難しく、フリーランスに対する偏見や誤解がある」（10.7％）などが続いているのですが、これはワーカーという働き方が失業と隣合わせであることを示しています。

ワーカーの収入

　年収面からもワーカーの不満は裏づけられます。**表 3-5-3** はワーカーの年間収入について、正規雇用および非正規雇用と比較したものです。ワーカーを本業とする人を対象としているため、正社員やパートの本業を持ちながら、副業としてウーバーイーツに従事するような人はこの表には含まれていません。

　この表によれば、ワーカーの収入は正規雇用と非正規雇用の中間に位置

Ⅴ 「雇用によらない働き方」とプラットフォーム労働

表 3-5-3　正規・非正規雇用とワーカー（本業）の年収構成の比較

（単位：%）

		正規雇用	非正規雇用	ワーカー
男女計	50 万円未満	0.5	9.9	19.6
	100 万円未満累計	14.3	36.5	32.9
	200 万円未満累計	29.9	70.7	51.3
	300 万円未満累計	48.5	89.1	66.3
	300 万円以上計	50.0	8.9	32.4
	うち 500 万円以上	36.6	1.7	14.1
	うち 700 万円以上	16.5	0.6	7.0
男性	50 万円未満	0.4	9.9	12.4
	100 万円未満累計	0.7	28.9	22.9
	200 万円未満累計	3.4	56.1	41.4
	300 万円未満累計	16.4	79.2	58.6
	300 万円以上計	82.5	18.4	39.9
	うち 500 万円以上	46.2	4.3	17.1
	うち 700 万円以上	22.2	1.5	12.1
女性	50 万円未満	0.9	9.8	36.3
	100 万円未満累計	2.4	40.0	55.9
	200 万円未満累計	10.9	77.3	74.2
	300 万円未満累計	40.3	93.7	83.9
	300 万円以上計	58.5	4.5	15.2
	うち 500 万円以上	18.8	0.6	7.1
	うち 700 万円以上	5.9	0.2	4.2

（注）副業としてワーカー（フリーランス）に従事している者は除外されている。
（出所）「就業構造基本調査」2022 年、第 30- Ⅰ表 より作成。

しているようです。中澤秀一さんの詳細な調査によれば、最近の単身者の最低必要生計費は全国どの地域でも共通して年間 300 万円ほどですが（中澤 2021）、その水準ぎりぎりか、それに届かない層がワーカーの 3 分の 2 に達します。男性は 6 割弱、女性では 8 割が 300 万円未満です。これらのワーカーに扶養すべき家族がいる場合、生計の維持は相当厳しくなると思われます。

表 3-5-3 は年間所得が 50 万円に満たないワーカーが総数（209 万人）の

表 3-5-4　年間所得 50 万円未満のワーカーの年間就業日数、週間就業時間

(単位：人、％)

		50万円未満の総数	410,800	100.0
年間就業日数／週間就業時間	50日未満		105,200	25.6
	50～99日		62,500	15.2
	100～149日		56,800	13.8
	150～199日		53,900	13.1
	200日以上		117,900	28.7
		20時間未満	27,000	6.6
		20～39時間	42,500	10.3
		40時間以上	45,300	11.0

(出所)「就業構造基本調査」2022 年、第 30-Ⅰ表より作成。

２割（41 万人）もいることを示しています。女性ワーカーでは 36.3％の人がここに入ります。こうしたワーカーとは一体どのような人でしょうか。年間就業日数、週間就業時間を見たところ（**表 3-5-4**）、年間就業日数が 50 日に満たない人が 4 分の 1 を占めています。仕事に従事する日が少なければ収入が少ないのも当たり前と考えてしまいがちですが、ワーカーの場合、仕事を求めて活動していてもなかなか得られないという現実があります。新規の顧客を開拓するため関連業界のセミナーに参加したり、以前に勤務していた会社の元同僚を訪ねて、仕事を紹介してもらうことなどは、雇用労働の場合は取引先を確保するための営業活動に該当し、当然労働時間にカウントされますが、ワーカーにとっては就業時間とは意識されません。表 3-5-4 で年間就業日数が「50 日未満」と答えた人のなかにはこのようなワーカーも含まれているのではないでしょうか。

　その一方で年収 50 万円未満層のなかに、年 200 日以上、週 20 時間以上働く人が 2 割あまりいます。通常のフルタイム労働者なみに仕事をしている人も 1 割を超えており、この数値には驚かされますが、これがワーカーの働き方の現実の一端です。たとえば、脇田滋編著（2020）のなかに、朝

Ⅴ 「雇用によらない働き方」とプラットフォーム労働

8時半から夜11時半まで働き、休みは月に2日しかない、それだけ働いても手元に残るお金は3～5万円程度という男性美容師の例が紹介されています。これは極端なケースかもわかりませんが、ここからワーカーという働き方の問題点が浮かび上がってきます。

雇用契約のもとで働いている労働者であれば、最低賃金法が適用されるため、このようなことはまずありえません。労働基準監督署に申告すればただちに是正指導してくれるでしょう。業務委託契約のワーカーにしておけば、これほど安価に使えるため、コストカットを第一に考える使用者にとっては捨てがたい働かせ方です。これほどの低報酬ではなにせよ、いま実態はまぎれもなく雇用されている労働者であるにもかかわらず意図的に業務委託契約にする事例があちこちで広がっています。

マクドナルドの店先でスマホを手にして注文が入るのを待っているウーバーイーツの配達従事者にとって待機時間はいっさい収入になりません。タクシードライバーの空車時間と同じように見えますが、会社に雇用されている限り、タクシードライバーは企業の指揮命令下にあり、空車状態でも就業時間です。最低賃金制の適用を受けるためウーバーイーツとの違いは明らかです。

ワーカーの収入が雇用労働者の賃金よりも低いことは日本に限ったことではありません。Janine Berg らによる PF 労働に従事するワーカーの調査（2015年と17年に実施）によれば、アメリカのワーカーの3分の2近くの報酬は連邦政府の最低賃金である時給7.25米ドル（2018年時点）を下回っています。低収入になる一因は仕事を探すことに時間を費やしているからだといいます。ワーカーは平均して、1時間の有給労働に対して20分を無給の活動に費やし、仕事を探したり、無給の資格試験を受けたり、不正取引きにあわないようにするために顧客（発注業者）を調査したり、レビューを書いたりしていたとのことです（Janine Berg et al. 2018）。これらはワーカーの仕事にとって不可欠の業務ですが、収入にはいっさいカウントされません。

（2）プラットフォーム労働（PF労働）

1　プラットフォーム労働の出現

　これまで日本のワーカーの現状を概観してきました。歴史的経緯が異なるさまざまな形態のワーカーが多くの分野で働いている実態が浮かび上がったと思います。こうしたなかで、いま PF 企業が営業範囲を拡大し、ワーカーを大量に動員、組織しようとしています。

　辞書（Collins Dictionary）によると、プラットフォーム（PF）とは「サービス提供の基盤となるウエブサイトやアプリ」のことですが、プラットフォーム労働（PF 労働）などが論じられる際には、「ウエブサイトやアプリを活用したサービス提供などの共通の土台（基盤）、またはそれを運営する業者」という意味で使用されています。また ILO の文書などではこれらの業者を「デジタル労働プラットフォーム」（Digital Labour Platforms）と呼んでいます。

労働の世界を変えるプラットフォーム労働

　日本より一足先に PF 企業の活動が活発化している海外では非正規就業のなかで PF 労働が比重を増しています。しかし統計が未整備なため、PF 企業が公表しない限り正確な実態の把握は困難です。ILO（2021）によれば、全世界で営業している PF 企業の数は 2021 年 1 月時点で少なくとも 777 件、うち配達・運送の PF が最も多く（383 件）、オンライン型 PF（283 件）、タクシー（106 件）、ハイブリッド型（5 件）が続いています。これらの PF 企業は中枢で管理運営を担う労働者については直接雇用していますが、それ以外に多数のワーカーを抱えています。過去 1 年間に PF のみで就労し、収入を得たことがあるものは推定値で成人人口の 0.3%（カナダ、2015 〜 16 年）から 11%（EU16 か国、2018 年）、前月 1 か月間に限ればアメリカ（2016 年）1.1%、EU16 か国（2018 年）8.6% などと多様です（ILO 2021：pp.46 〜 49）。

世界の主要 PF 企業の推定年間収益（2019 年）を見ると（ILO 2021）、トップはタクシー分野のウーバー（アメリカ）で、年間収益は実に 107 億 4500 万ドル、日本円にして 1 兆 6118 億円（1 ドル 150 円で計算）です。2 位は食事や生活用品、チケットなど各種配達サービスの Meituan（メイトゥアン、中国）で 85 億 3200 万ドルでした。日本の CrowdWorks（クラウドワークス）は 8400 万ドル（12 億 6000 万円）で、世界の PF 企業ランキングのなかでは最下位グループです。

ウーバーはアメリカ、ヨーロッパはじめ世界中に進出し、既存のタクシー業界の地図を塗り替えました。イギリスの伝統ある黒いボディーのタクシーのドライバーはライセンスを取得するのに大変難しい試験をパスしなければならず、かつては一目置かれた存在でしたが、ウーバーなど PF 企業のタクシーの進出で徐々に片隅に追いやられています。

PF 企業の営業分野はタクシー、各種配達サービス、オンライン型の事務的・専門的業務職、およびこれらのハイブリッド型など多岐にわたっていますが、最も収益が大きいのがタクシー業界の PF です。

これまで日本は言語の壁や道路運送法による白タク行為の禁止もあって、ウーバーなど海外の PF 企業の参入が少なく、また国内の PF 企業も一部を除き労働者派遣業と比較し、活発ではありませんでしたが、いまこうした状況に変化が生じています。「日本版ライドシェア」と称して、これまでの規制を掘り崩す動きが新自由主義陣営の経済学者や政治家を先頭に活発化しています。以下では PF 労働の現状と問題点についてとりあげましょう。

2　ＰＦ企業の機能 ― 仲介か、雇用か

①仲介機能を担う PF 企業

PF 企業には発注業者（クライアント）と受注者（ワーカー）を仲介するだけで、業務の内容や成果物の仕様、納期、代金などの交渉は当事者同士で行う形態があります。業務請負契約は発注者とワーカー間で締結する形

をとっています。ただし、「仲介するだけ」とはいえ、実際には発注業者がワーカーの仕事ぶりを常時監視する体制を構築し、ワーカーの裁量は著しく制約されるケースがあります。インターネット上でこれらの交渉が行われ、納品もネット経由で可能となるため、遠隔地にいる当事者同士でも受発注が可能です。例えば、福岡の業者が発注した業務を札幌のワーカーが受注するというような事例です。地理的制約がないことが新たな特徴です[26]。こうした形態が可能なのは、次に見るように業務内容が現場対面型ではないからです。

仲介サイトを運営する大手業者（クラウドワークス）のHPには業務分野別に発注業者からの「仕事・求人情報」が多数掲載されています。業務内容は、「システム開発、アプリ・スマートフォン開発、HP制作・Webデザイン、ECサイト・ネットショップ構築、デザイン、動画・映像・アニメーション、音楽・音響・ナレーション、ビジネス・マーケティング・企画、ライティング・記事作成、事務・カンタン作業、写真・画像、3D-CG制作、ネーミング・アイデア、翻訳・通訳サービス、製品設計・開発、相談アドバイス、プロジェクト・保守運用メンバー募集」など多岐にわたっています。タイトルに「仕事・求人情報」とあるように、これらのなかには業務の委託だけでなく、有料職業紹介とまぎらわしいものが含まれています。

このPFを利用するには仲介業者（PF企業）が課す「システム手数料」を支払わなければなりません。ワーカーからのみ手数料を徴収し、発注業者（クライアント）からは取らない仕組みになっているのです。有料職業紹介事業では紹介業者は主として求人側から手数料を取得し、求職者からの手数料取得は制限されているのですが、PFを利用する場合、これとは正反対です。

---

[26] たとえば、あるPF企業のチラシ作成のワーカー募集のサイトには「在宅・地方在住であっても、全国から集まるチラシ作成のお仕事のなかから、あなたにぴったりのお仕事を探すことができます」とあります。

ではシステム手数料はどのくらいになるのでしょうか。契約金額によって料率が異なっています。大手 PF 企業のランサーズやクラウドワークスのシステム手数料は、契約金額（税込）が 10 万円以下の部分は 20％、10 万円〜20 万円の部分は 10％、20 万円超の部分は 5％としています。これに基づき試算すると、契約金額が 100 万円の業務の場合の PF 企業が取得するシステム手数料は 7 万円、ワーカーの報酬は 93 万円になります[27]。

有料職業紹介事業で業者が求職者から手数料を徴収できるのは、「芸能家」「モデル」「経営管理者」「科学技術者」「熟練技能者」[28] の職業に限定されています。「経営管理者」「科学技術者」「熟練技能者」については、紹介により就職した場合の賃金額が年収 700 万円またはこれに相当する額を超える場合に限定されており、それ以下では手数料を取得できません。収入が年 700 万円を超えるワーカーはごくわずかで 7.0％にすぎません（表 3-5-3）。ワーカーと発注業者を仲介するサービスは有料職業紹介事業とよく似ていますが、PF 企業（仲介業者）が取得するシステム手数料に対してこのような規制はありません。

②事実上の使用者となった PF 企業

PF 企業のなかには仲介ではなく、発注者から業務を請け負い、その業務をワーカーに委託する形態があります。契約はすべて業務請負とし、業者はワーカーと労働契約を結ぶことを回避しています。けれども実態を見れば、このような PF 企業は使用者と異ならず、ワーカーのなかには本来は労働者として処遇されるべきタイプが少なくありません。例えば、ウーバーイーツや出前館、Wolt（ウォルト）のような料理配達の PF 企業や、アマゾンの商品配送を担当する下請配送業者で働く人びとです。後者の場

---

[27] この情報は 2022 年 7 月時点のものです。
[28] 「熟練技能者」とは、「厚生労働省大臣の行う技能定検定における特級若しくは 1 級の技能又はこれに相当する技能を有し、生産その他の事業活動において当該技能を活用した業務を行う者」とされています。

合、アマゾンのアプリで荷物の量や配達先、労働時間が管理されており、事実上アマゾンの指揮下で就労していると見るべきです。現にアマゾンの配送業務に従事するワーカーに対して横須賀労働基準監督署（神奈川県）はこれらのワーカーの労働者性を認め、労災保険の適用を決定しました（「朝日新聞」2023年11月6日付）。これに先立って東京都労働委員会は2022年11月、ウーバーイーツユニオンに対してウーバー社およびウーバーイーツ社との団体交渉権を認める決定を出しています（現在、中央労働委員会で再審査中）。

　ウーバーイーツのような料理配達サービスの場合、PF企業（ウーバーイーツ）は発注者（飲食店などの店舗）との間で、顧客からの料理の注文受け付けと代金（料理代＋配達料）受領の業務、および配達サービスの業務を請け負う契約を結び、ワーカー（配達従事者）を使用して料理の配達を行っています。PF企業は店舗から手数料を徴収し、ワーカーに配達料を支払っています。この手数料と配達料の差額がPF企業の利益となりますが、その中身は明らかにされていません。配達料には就労意欲を刺激するボーナスが設定されている一方、PF企業がアプリを通してワーカーに示した配達業務の注文を断る回数がある限度を超えた場合、アプリの利用を一時停止されます。ワーカーは配達ごとに飲食店および顧客の双方から評価を受けますが、これがボーナスなどワーカーの収入にどのように影響するか、明らかにされていないため、ワーカーにとっては有形無形の圧力となっています。

（3）PF労働の問題点

1　日雇い派遣の復活

　PF企業のなかには、ワーカーと発注業者の業務の仲介だけでなく、職業紹介（雇用仲介）と明示して業務を行うPF企業もあります。2022年2月、求職者と求人企業をオンラインで仲介する5社が業界団体（スポット

ワーク協会）を設立しました。この協会のHPによれば、スポットワークとは、短時間または単発・短期間だけ働き、「継続した雇用関係」のない就労形態を指しています。雇用契約を結ばないギグワークと、単期雇用契約を結ぶ「単発バイト」の二種類に区分されるといいます[29]。

　前者は1日単位の業務請負、後者は日々職業紹介のように見えますが、労働者派遣法が原則禁止している日雇い派遣にきわめて近いと考えられます。PF企業と派遣業者の融合を示す先例と見ることができます[30]。

　23年3月にタイミー社代表が同協会の理事に就任しましたが、同社は事実上の短期派遣を強力に推進しており、日雇い派遣としての「スポットワーク」の性格をより鮮明にしています。2000年代の日雇い派遣の場合、派遣会社の社員の手によって派遣先と派遣労働者のマッチングが行われていましたが、いまではアプリを活用することで、ごく短時間で仲介が成立するといいます。同社の求人企業向けのHPには「『ピーク時の1時間だけ人手がほしい』、『皿洗いだけ任せたい』など、必要な時間に特定の業務のみ募集可能」とか「求人掲載から、7秒でマッチングに成功した事例も……」などの文言が並んでいます（アクセス日時、2023年11月20日）。

　日雇い派遣の場合もそうでしたが、スポットワーク協会加盟企業は求職者向けに「賃金の即日払い」を宣伝材料にしています。当該企業のHPには「ご利用企業様の募集から給与支払いまでの手続きの手間を削減」という文言とともに、募集・採用・雇用手続きに加え、労務代行サービス（勤怠管理・給与計算、前払い・給与振込代行）を行うと記載していますが、これは労働者派遣事業に限りなく近いと言えるでしょう。職業紹介と称しているものの実態は派遣労働ではないでしょうか。

　こうしたPF企業による「賃金支払代行サービス」は労働基準法第24

---

[29]　https://persol-innovation.co.jp/wpsys/wp-content/uploads/2022/02/61e9166e6e4f5ba80d79467cadbf96f6-1.pdf（アクセス日時：2023年11月23日）
[30]　例えばスポットワーク協会加盟のシェアフル社は「テンプスタッフ」や転職サービス「doda」などを運営するパーソルグループと、業務仲介型のPFであるランサーズ社との合弁企業です。

条（「賃金は、通貨で、直接労働者に、その全額を支払わなければならない」）に違反する疑いが濃厚なのですが、20年2月、タイミーが産業競争力強化法（2013年）によって設けられた「グレーゾーン解消制度・新事業特例制度」を活用して厚労省に照会したところ、同省は労基法に違反しないとの見解を示しました。PF企業による「賃金支払代行サービス」に対し、厚労省がお墨付きをあたえ、事実上の日雇い派遣を容認した形となりました。タイミーは「スポットワーク」で多くの利益を上げ[31]、24年7月には東証グロースに上場しました。これを報じた「日本経済新聞」はタイミーを「単発アルバイトの仲介アプリ」を手がける企業と呼び、日雇い派遣業としての実態に踏み込んでいません。

　PF企業が労働者と業務請負契約を結びワーカー形態で顧客企業（派遣先）に派遣すれば、形式で判断する傾向のある今日の労働行政は労働者派遣法の規制対象から除外する可能性があります。派遣労働者よりもさらに不安定な就業になることが危惧されます。日雇い派遣の原則禁止のもとで、その抜け道としてPF企業を介したギグワーク（細切れ労働）の利用が広がりを見せています。PF企業によって派遣法の換骨奪胎が進んでいるのではないでしょうか。最近ではこのような働き方・働かせ方を「スキマバイト」と呼ぶようになりました[32]。「スキマ」という名称が示すように、「1時間単位で働ける仕事」を宣伝文句にしている事例もあるようで、究極の細切れ労働の蔓延に注意する必要があります。

2　アルゴリズムによる労働者支配 ― ＡＩを活用した手法

　プラットフォーム労働の第二の問題点として、AIなどを活用した労働

---

[31] タイミーの23年10月期の単独売上高は前期比2.6倍の161億円、税引き利益は7倍の18億円とのことです（「日本経済新聞」2024年7月27日付）。
[32] 「スキマバイト」という呼び方の起源は定かではありません。インターネットで検索したところ、2019年2月頃、あるPF企業が「仕事マッチングアプリのネーミング作成」の募集をしたところ、数百件もの提案が寄せられましたが、そのなかに「スキマバイト」という名称が含まれていました。

V 「雇用によらない働き方」とプラットフォーム労働

者管理の手法があります。たとえば配送部門の PF 労働では、作業者の働きぶりが AI の自動監視システムによって評価され、対応に問題があると判断されたならばアプリのアカウントが突然停止されるのです。解雇に相当する措置が一方的に、何の説明もなく強行されており、これは「アルゴリズムによる労働者支配」[33] という新しい搾取形態です。この点は国際的に問題になっており、ILO のレポート（ILO 2021）は次のように指摘しています。

　アルゴリズムによってワーカーのアカウントが無効化されたり、低評価を受けたりしても、ワーカーはその理由を知ることができず、どうすれば自分のパフォーマンスを改善できるかもわからないことが多い（ILO 2021、第 1 章）。

　ワーカーがウーバーのような PF 企業から提示された「乗車」や「配達」の指示を受け入れるか否かの判断は、ごく限られた時間内でしなければならない（通常は数秒以内）。……仕事の割り当ての諾否は、労働者の評価、したがって将来割り当てられる仕事の量に大きな影響を与える（ILO 2021、第 2 章）。

　PF が労働者や労働者が行っている仕事に関する大量のデータを保持している一方、労働者はそのデータが PF によってどのように利用されているかについての情報をほとんど持っていない（情報の非対称性）（ILO 2021、第 4 章）。

　オンライン型の PF 労働では、ワーカーのキーボード入力の速さや正確性を追跡したり、スクリーンショットをランダムな間隔で把握する監視ツールソフトをワーカーのパソコンにインストールさせることで、労働者の自由と自律性を制限している（ILO 2021、第 2 章）。

　ワーカーの仕事ぶりの格付け・評価は、ウーバーイーツのようにもっぱ

---

[33] 「アルゴリズム」とは、辞書の説明では「計算や問題解決の手順のこと」とありますが、ここでは AI を活用した労働者に対する自動監視システムや自動意思決定システムの意味で用いられています。

ら現場対面型の業務でみられましたが、これからはオンライン型のワーカーに対しても、PFまたは発注企業（顧客）による監視や格付けが進むことが危惧されます。ウェブベースのオンライン型のPFでは、顧客によるワーカーの格付けで高い評価を獲得することが仕事を得る上で決定的な役割を果たすと言われています（ILO 2021）。言わば、顧客がワーカーの中間管理職の役割を果たしているというわけです（Rosenblat 2018、邦訳218頁）。

3　国境を越えるＰＦ労働

オンライン型のPFの登場によって、労働市場の範囲は国境を越えて、世界中に拡大しています。アメリカのPF企業はインドのIT技術者とアメリカ企業の間で業務の仲介を行っています。海外技術者のアメリカでの就労に否定的な第一次トランプ政権の時代に、技術者向けの就労ビザ（H-1Bビザ）の発給が減少しましたが、コロナ禍でさらに減りました。ところが、オンライン型のPF労働の登場でアメリカのIT企業はインドの技術者をビザの制約なしに現地在住のまま動員できるようになりました（「越境リモートワーク」[34]）。スキルが同じレベルのIT技術者であってもアメリカとインドの賃金格差が数倍になる現状はアメリカ企業の国境をこえるPF労働への依存度を強めています。

たとえば、サンフランシスコ在住の大卒25歳、3年の経験のあるグラフィックデザイナーの年俸（中央値）は6万ドルでしたが、同じ条件のインド（バンガロール）在住者はわずか3000ドルだったといいます（2018年）。実に20倍の差です[35]。

いま海外のPF企業が日本のワーカーの獲得をめざして進出しています。料理配達サービスのウーバーイーツ（アメリカ）は海外発の現場対面

---

[34] 「日本経済新聞」2021年7月25日付。
[35] A. Pelletier & C. Thomas, Information in online labour markets, 2018, LSE Research Online, http://eprints.lse.ac.uk/90012/（アクセス日時：2023年11月26日）

型 PF の代表例ですが、このほかに Wolt（ウォルト、フィンランド）、DiDi（ディディ、中国）、DoorDash（ドアダッシュ、アメリカ）なども日本国内で営業していましたが、現時点では DiDi と DoorDash は営業終了したようです。ウーバーは国内のタクシー業者と提携し配車サービスのアプリを提供しています[36]。いま東京、大阪はじめ、全国 13 都市でウーバーのステッカーを貼ったタクシーが走っています。

さらに、過疎地の交通の便を確保するためという名目でライドシェア解禁の動きが急ピッチで進んでいますが、これが実現すると、遠くない時期に大都市圏でのウーバーの営業解禁につながるのではないでしょうか。

ところで、現場対面型の PF 企業の多くは国内に事業所を設けていますが、オンライン型はその必要はありません。アメリカの PF 企業 Upwork は、日本語の HP を用意して日本人ワーカーを対象に Web デザインやアプリ開発、翻訳などの業務の仲介に乗り出しています。同社の HP は円安の今日、ワーカーが報酬をドルで受け取ることで為替差益を享受できるメリットを強調しています。

日本語の障壁が少ない IT 関連業務の PF は海外在住の技術者を日本の IT 企業に紹介することもありうるでしょう。たとえば、人材ビジネス業のパソナは海外に居住する IT 技術者を日本企業に紹介する計画です。IT 技術者に日本企業との間で業務委託契約を結んでもらうか、パソナの現地法人が技術者を直接雇用し、企業から請け負ったシステムやアプリ開発に従事してもらう計画を明らかにしました（「日本経済新聞」2021 年 10 月 16 日付）。世界中のワーカーを対象とする PF 企業の登場で、日本の IT 関連ワーカーは海外の技術者と受注競争をしなければならない時代がやってくるのではないでしょうか。国境の壁を乗りこえるデジタル PF 労働が拡大している今日、国際的な労働基準をどのように設定するか、検討を迫られています。前述したように、2025 年の ILO 総会では PF 労働が正式議題

---

[36] 東京では 20 年 7 月に運行が始まりました（「朝日新聞」（電子版）2020 年 7 月 3 日付）。

になることが決まっています。そこでの議論に注目したいと思います。

（4）「雇用によらない働き方」についてのワーカーの評価
1 「雇用によらない働き方」を希望するのはなぜか
　ワーカーという働き方にはこれまで取り上げたような問題点があるにもかかわらず、ワーカーを利用している企業だけでなく、ワーカー自身やワーカーを組織しているユニオンのなかでも「雇用によらない働き方」自体については肯定的に評価する声が少なくありません。労働契約を締結し労働者性を明確にすること、つまりワーカーから雇用労働者に転換することはワーカーの大半の要求とは言えないようです。なぜでしょうか。

　（1）で紹介した内閣官房調査によれば、「フリーランスという働き方を選択した理由」について（複数回答）、「自分の仕事のスタイルで働きたいため」をあげた割合が57.8％と6割近くを占めていました。第2位が「働く時間や場所を自由にするため」（39.7％）です。以下、「収入を増やすため」（31.7％）、「より自分の能力や資格を生かすため」（27.3％）、「挑戦したいこととやってみたいことがあるため」（13.5％）、「ワークライフバランスを良くするため」（11.9％）が続いています[37]。第3位の「収入を増やすため」は、調査時期がコロナ感染症の拡大により休業する事業所が出始めた時期だったことの影響が考えられます。

　働く時間帯や就業場所を含め、自分の裁量を発揮するうえではワーカーという働き方は満足度が高いけれども、仕事の安定性や収入面、事故などの際の補償の点では不満が多いという実態があります。年収についてはすでに詳しく述べたとおりです。

　とはいうものの、ウーバーイーツユニオンをはじめワーカーのユニオンは「労働基準法上の労働者性は求めてはいない」と言います。「働き方そ

---
[37] 同調査では複数回答で上位6位までを表示しています。

のものには異存ないが、業界全体の健全な発展のためにも現場の配達員と企業が同じテーブルに着くよう要求」し、「労組法上の労働者性」を求めています（土屋 2022：46頁）。

2　労基法の労働者性をめぐって

では、「労基法の労働者性を希望しない」という労働側の声をどのように考えればよいでしょうか。問題とすべき第一の論点は今日の労基法の労働者性の解釈が1985年の「労働基準法研究会報告」に依拠している点についてです。同報告は行政上の解釈だけでなく、司法判断にも少なからず影響を及ぼしてきました[38]。

敗戦直後に制定された労働組合法（1945年12月）は労働者について「職業の種類を問わず、賃金、給料その他これに準ずる収入によつて生活する者をいう。」と規定しました。47年4月制定の労働基準法では労働者を「職業の種類を問わず、事業又は事務所（以下「事業」という。）に使用される者で、賃金を支払われる者をいう。」としています。労基法には「事業に使用」という文言が入っている点、および「賃金を支払われている」ことと限定している点が労組法と異なっています。脇田滋さんによれば、労基法制定から間もない時期には労働者性を広く捉える傾向にあったと言います。たとえば、京都市西陣地域の個人事業主形式の賃機業者（在宅就労）について、京都労働基準審議会は労基法上の労働者と認めたのです。労基法制定の翌年（1948年）のことです（脇田 2021：2頁）。

その後、労基法上の労働者性を狭く捉える傾向が強まっていきました。労働大臣（当時）の私的諮問機関の労働基準法研究会が1985年に提出した「報告」がその方向をより鮮明に打ち出したのです。同報告は、労働者性の指標として、1）仕事の依頼、業務従事の指示等に対する諾否の自由の有無、2）業務遂行上の指揮監督の有無、3）勤務場所、勤務時間に関す

---

[38]　この項については、脇田（2021）を参照しました。

る拘束性の有無、4）労務提供の代替性の有無、5）報酬の労働対償性（使用者の指揮監督下で行う労働に対して支払うもの）、6）事業者性の有無（機械、器具の負担関係、報酬額）、7）専属性の程度、の7点を列記し、個別事例について「総合判断」するとしました。3）に示されるように、企業の事業所に就労する内勤従業員を典型と考えて労働者性を判断する「狭い労働者概念」を採用した一方、「契約形式を利用した使用者の責任逃れは許さない」という視点はきわめて希薄でした（脇田 2021：3頁）。

　この「労基研報告」は労働者性をめぐる行政や司法の判断にとどまらず、労働者や労働組合の考え方にも影響を及ぼしているのではないでしょうか。労基法の対象となるためには、「労基研報告」のいうような企業への拘束性の強い働き方をしなければならず、それはゴメンだという意識が働いているとすれば、それは再検討する必要があるのではないかと思います。

　第二の論点は、ワーカー形態で働いている人のなかに、使用者の指揮下で働くことに対する根強い忌避感がある点についてです。「働き方改革」が盛んに叫ばれているものの、日本の労働環境は改善されているとはとても言えません。たとえば、長時間労働やパワハラ・セクハラなどのハラスメントが引き起こす精神障害の労災補償の請求件数、支給決定件数はともに顕著な増加傾向にあります（第1部Ⅳ）。こうした増加の要因として、2021年6月に精神障害の労災補償認定基準の「業務による心理的負荷評価表」にパワハラが明示された影響もあると思われますが、この増加は職場環境の悪化を示していると捉えるべきでしょう。

　パワハラに象徴されるように、精神疾患を生み出す職場環境の悪化は、雇用されて働くことへのためらいや忌避意識を高めているのではないでしょうか。収入や仕事の安定面で不満を抱えつつも、あえてワーカーを選択する背景にはこのような現状があると考えられます。

　雇用労働者の労働環境の悪化はワーカーの働き方にとっても無関係ではありません。そうであれば、パワハラなどを増幅させている日本の労働実

態の根幹にメスをいれる必要があります。職場における労使の力関係が圧倒的に使用者優位になり、労働者を守るべき労働組合の機能が有効に働いていないため、労働者が個々人で対応するほかないという現状を転換しなければなりません。

(5) ワーカーの働き方・働かせ方の改革

　PFによるワーカー化の推進は欧米が先行しており、その対策をめぐってILOやEUで活発に議論されています。前述のとおり、ILOは2025年6月の総会でPFをとおして働くワーカーの問題を正式議題に取り上げて議論することを決定しています。

　ワーカーの保護をめぐる各国の取組みについては脇田滋さんが精力的に研究されています。さしあたり脇田（2023）を参照下さい。またNPO法人働き方ASU-NETのHPの脇田さんの投稿をとおして最新の動向を知ることができます。なかでも注目されるのはEUの動きです。

ＥＵのＰＦ労働に関する指令およびガイドラインについて ―「PF労働の労働条件改善の指令案」（2021年）および「単独自営業主（solo self-employed persons）の労働協約に対するEU競争法の適用に関するガイドライン」（2022年決定）

　2021年12月にEU委員会は「PF労働の労働条件改善の指令案」を公表しました。この指令案は、PFがプラットフォーム・ワーカーの使用者に該当するか否か、ワーカーはPFと雇用関係のある労働者に該当するか否かの判断基準を示しました。次の五項目のうち、少なくとも二つに該当すれば、そのPFはプラットフォーム従事者の使用者に、そしてこの従事者は個人事業主ではなく労働者として「法的推定」されるとしました。

　1）PFがワーカーの報酬を決定または報酬上限を設けていること。
　2）ワーカーに対し、服装や顧客への対応、または仕事の出来映えに関

して規則を尊重するように要求すること。
　3）仕事の出来映えや成果の品質をチェックすること。
　4）作業遂行面の裁量、労働時間の選択、休業期間、仕事の諾否、ワーカーが下請業者を使うことなどを決定する自由を制限すること。
　5）ワーカーに対し他の取引先の確保や、他の取引先の業務を遂行する可能性を制限すること。
　ところが、この指令案に対し、フランスが「PF企業を過度に縛り、自国の労働政策と両立しない」などを理由に反対したため、EU理事会での指令案の採択が暗礁に乗り上げました。24年1月からEU理事会の議長国になったベルギーが上記の五つの基準すべてを削除し、加盟国ごとに自国の労働法に沿って「雇用の推定」を設けるとするという大幅に譲歩した修正案を示しました。この妥協案で加盟各国が合意し、修正された指令案は同年4月にEU議会で、続いて10月にEU理事会で採択され成立しました。当初の指令案と比較すればかなり後退した内容です。この修正に到る舞台裏ではウーバーなどプラットフォーム企業による猛烈なロビー活動があったものと推察されます。
　このような曲折がありましたが、労働者と推定されたなら、労働者としての権利および社会保障上の権利を受けることができます。具体的には最低賃金（存在する場合）、団体交渉、労働時間規制、労働安全衛生、有給休暇の権利、労働災害に対する保護、失業手当と疾病手当、拠出制老齢年金を受給する権利などです。
　新指令はこの法的推定に対して反証する権利を当事者（PF及びワーカー）に認めていますが、PFが当該関係を雇用関係でないと主張する場合の挙証責任はPF側にあり、かつその立証期間においても雇用関係としての推定が停止することはありません。
　さらに今回のEU指令は、先述の「アルゴリズムによる管理」を問題視し、その規制措置を提案しています。具体的には、電子的手段を用いてワーカーの作業ぶりを監視または評価する自動監視システムや、労働条

件、仕事の配置、収入、労働安全衛生、契約上の地位（アカウントの制限、停止、終了を含む）に著しく影響する決定を下す「自動意思決定システム」について、それらが使用されている事実をワーカーに知らせること、自動意思決定システムを用いたアカウントの制限や停止などの決定をした場合、その理由についての情報をワーカー本人やワーカーの代表者あるいは労働行政当局の要求に応じて速やかに提供すること、仕事に本質的に関わらないようなワーカーの個人データを扱わないことなどを定めています。これらのアルゴリズムについての規制措置はPFと雇用関係がないとされた個人事業主にも適用されるとしています。

　もう一つのガイドライン（「単独自営業主（solo self-employed persons）の労働協約に対するEU競争法の適用に関するガイドライン」2022年）は、ワーカーが取引先（発注業者）との間で団体交渉を経て締結した労働協約はEU競争法が禁止する競争制限に該当するか否かについての判断基準に関わるものです。これを提案したEU委員会の意図は、ワーカーが取引先と雇用関係がない場合でも、労働条件について団体交渉し、労働協約を締結することでワーカーの労働条件改善を支援することにあります。

周回遅れの日本の対応——「フリーランス新法」制定
　では日本の対応はどうでしょうか。2023年2月、政府は「フリーランス取引適正化法案」を国会に提出し、同年4月に成立しました（24年11月施行）。この法律は従来の下請代金支払遅延等防止法（下請法）や独占禁止法などの経済法によってワーカーの一部（労働基準法や労働契約法の適用対象にならない者）の保護を図るもので、ILOやEUが課題としている偽装請負など、誤分類されたワーカー（前述のワーカーaなど）に対する保護措置は含まれていません。国際水準から見ると周回遅れの内容です。

期待されるワーカー、PF労働者の運動
　日本でもワーカーの組織化や運動がさまざまな形態を取って生まれつつ

あります。なかでも注目されるのは「ヤマハ英語講師ユニオン」のたたかいです。ヤマハ英語教室の講師は勤務時間や勤務場所、指導方法や教材を会社側（ヤマハミュージックジャパン）に指示され、税務上給与所得者（労働者）として処理されるなど実態は労働者にもかかわらず、同社と業務委託契約を結ぶ「個人事業主」とされ、社会保険、残業手当や有給休暇などもありませんでした。これに疑問を感じた講師14人がユニオンを結成、業務委託契約から労働契約への変更と講師の待遇改善を求めて会社と20回以上も交渉を重ねました。ユニオン加入者は全国に拡大し、支援者の協力もあって、21年7月より希望者の直接雇用化という快挙を達成しました（「しんぶん赤旗」2021年7月8日付）。

　アマゾンの配達労働者のなかでもユニオン結成の動きがあります。22年6月に「東京ユニオン・アマゾン配達員組合横須賀支部」を結成した10人の配達員はアマゾンジャパンの配送を担う一次下請、二次下請企業と業務委託契約を結ぶ個人事業主とされていますが、アマゾンのアプリによって配達先や労働時間を管理されている事実上の労働者です。同ユニオンは、現状は偽装請負で、就労実態からすれば労働基準法上の労働者に当たるとしています。

　組合員の話では2021年頃に配達料が個数に応じた支払いから日当制（定額制）に変わり、1日に配る荷物が2倍近い200個程度に増え、長時間労働が常態化しました。荷物は増えたにもかかわらず日当は変わらないため、ガソリン代や車の維持費負担が増え、生活を圧迫しています。配達先の管理にAIが導入された約1年前から荷物が急増し、1日12時間以上働いているといいます[39]。同ユニオンは業務委託を締結している下請企業だけでなく、アマゾンジャパンにも団体交渉を申し入れています。先述のとおり、横須賀労働基準監督署は組合員の労働者性を認め、配達中の負傷に対して労災補償の支給を決定しました。

---

[39] 「共同通信」オンライン記事（2022年6月13日付）、「朝日新聞」同年6月14日付。

2022年5月には複数の個人事業主のユニオンの委員長の呼びかけで「フリーランスユニオン」が結成されました[40]。設立宣言は、雇用労働者と比較したフリーランス（ワーカー）の無権利状態を改善するために、フリーランスが連携する必要性を指摘、全国に分散しているフリーランスに加入を呼びかけています。ワーカーやプラットフォーム労働者が直面している多様な問題を改革するには当事者による運動が不可欠です。

Ⅵ 現代的貧困の帰結としての人手不足、人口減少社会

（1）今日の労働力不足の特徴

いま日本では人手不足が深刻になっています。ドライバー不足によるバス路線の減便、レストランや居酒屋の閉店、さらにデイサービスや訪問介護など介護事業所の閉鎖のニュースがあちこちで聞かれるようになりました。学校現場では教員の志望者が減り、新年度が始まっても担任教員が決まらないという非常事態まで生じています。

震災や豪雨災害の多発に伴ってインフラ復旧・復興工事の要請が年々増えていますが、建設労働者の不足がそれを妨げています。2024年元日に発生した能登半島地震によって7万戸を超える家屋が全半壊した石川県では建設業者や作業従事者の確保が難しく、建物の公費解体や修理が思うように進んでいません。

今日の「労働力不足」（人手不足）の特異な性格は高度成長期やバブル経済期の労働力不足とは異なり、いまだに政府がデフレからの脱却を宣言

---

[40] フリーランスユニオンへの参加を呼びかけているのはウーバーイーツユニオン、ヨギーインストラクターユニオン、ヤマハ音楽講師ユニオンなどの執行委員長です。

できないような低成長経済のもとで生じていることです[41]。高度成長期後半の「いざなぎ景気」(1960年代後半〜70年代初め)の経済成長率(実質GDPの伸び率)は年率10％を超え、バブル期(87年〜90年)は年率4％から6％でしたが、安倍政権以降、2013年度から22年度までの10年間の実質GDPの伸び率は年率平均わずか0.6％にすぎません。いま景気拡大によって全般的労働力不足が生じているのであれば、実質賃金は上昇するはずですが、本書の冒頭で見たように、実際にはむしろ低迷が続いています(図0-1)。

　一般に経済成長、言い換えれば資本の高蓄積が持続する場合、労働力に対する需要が高まり、過剰人口のプールから吸引される労働力が増加し、特に需要が集中する特定の労働力が枯渇することが起こりますが、今日の労働力不足はそうしたことによって生じているわけではありません。結論を先取りすれば、今日の労働力不足はアベノミクスの成果などではなく、これまでの章で見たように「労働力使い捨て型雇用」、「持続不可能な働き方の拡大」の帰結と捉えるべきです。

　現代的貧困の30年の推移のむすびとして、まず低成長下で労働力不足が生じている現状を確認し、その要因を明らかにしたいと思います。

労働力不足の現状

　図3-6-1はハローワークに申込みのあった2012年度以降の有効求人数、有効求職者数、有効求人倍率(パートを含む常用)の推移を示しています。有効求人倍率(有効求人数÷有効求職者数)は0.82倍(2012年度)から1.62倍(18年度)へ大幅に上昇した後、コロナ禍で急低下しましたが、その後、経済活動の復活にともなって23年度は1.29倍にまで回復しています。

---

[41] 鈴木俊一財務大臣は2024年8月2日の記者会見で、デフレ脱却を宣言するかどうかについて「まだ後戻りする可能性を否定できず、脱却には至っていない」と述べました(『日本経済新聞』電子版、同日付)。

Ⅵ 現代的貧困の帰結としての人手不足、人口減少社会

図 3-6-1　有効求人数、有効求職者数、有効求人倍率の推移（パートを含む一般労働者）

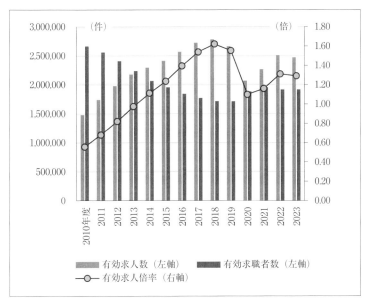

（出所）厚生労働省「一般職業紹介状況」（長期時系列表1）労働市場関係指標（パートタイムを含む一般）より作成。

表 3-6-1　職業別有効求人倍率の推移

（単位：倍）

	2013年	15年	17年	19年	21年	23年
保健師、助産師、看護師	2.72	2.56	2.35	2.26	2.04	2.02
社会福祉の専門的職業	1.38	1.96	2.62	3.12	2.88	2.85
一般事務の職業	0.21	0.27	0.35	0.39	0.29	0.37
商品販売の職業	1.14	1.68	2.26	2.58	1.47	1.96
介護サービスの職業	1.83	2.59	3.57	4.31	3.60	3.78
飲食物調理の職業	1.62	2.40	3.16	3.34	1.91	2.90
自動車運転の職業	1.60	2.06	2.72	3.10	2.09	2.59

（注）2023年の年間有効求人数が10万以上の職業について示している。
（出所）厚生労働省「一般職業紹介状況」長期時系列表21　職業別労働市場関係指標（2011年改定）より作成。

では、どの職業で「労働力不足」が生じているのでしょうか。有効求人倍率の高い職業について概観しましょう。表3-6-1 に掲げたのは2012 年から23 年までの年間の有効求人数が10 万件を超える職業です[42]。これらは、①飲食物調理、接客・給仕、商品販売など消費サービス関連職業、②医療や介護および社会福祉専門職（保育士、ケアマネジャーなど）の公共サービス職業、③自動車運転の職業、④一般事務の職業に分類できます。③はバス、タクシーのほかにトラックのドライバーなどで、トラック輸送は消費財だけでなく生産財にもかかわりますが、近年の通信販売や宅配便の増加ぶりを考慮すると、①にも深く関わっています。

　年間有効求人数が10 万人に達しないため、表3-6-1 には表示していませんが、建設関連職業の有効求人倍率は著しく高く、このうち建設躯体工事従事者（9.70 倍）、土木作業従事者（6.13 倍）、建設従事者（4.78 倍、建設躯体工事従事者を除く）、電気工事従事者（3.22 倍）などで人手不足は深刻です。

　これと対照的なのは一般事務の職業で、有効求人倍率は0.37 倍にとどまっています。有効求人数は15 万人を超えているのですが、それをはるかに上回る数の求職者（41 万2886 人）が集中しているためです。

　公共職業安定所（ハローワーク）に申し込まれた求人・求職以外に民間の人材ビジネス（有料職業紹介業）を利用する事業所や求職者も多くいます。とりわけ医療・介護職をめぐって、応募者に対する「祝い金」の支給など民間の紹介業者による活発な引き抜き活動も行われています[43]。みずから仲介して就職した看護師や薬剤師などに対して別の求人先を斡旋して手数料を稼ぐ紹介業者も少なくないといいます。高額の仲介手数料や医療・介護労働者の突然の離職は当該事業所の経営を圧迫しています。

---

[42] ハローワークに申し込まれた求人、求職は3 か月間「有効」です。したがって職業紹介統計では同じ求人や求職の申込みが複数回カウントされることがあります。例えば4 月に受理した求人は未充足の場合、5 月および6 月の求人としても数えられます。求職者についても同様です。
[43] 労働政策審議会職業安定分科会労働力需給制度部会資料「募集情報等提供事業者によるお祝い金等の提供事例について」（2024 年7 月24 日開催）参照。

Ⅵ　現代的貧困の帰結としての人手不足、人口減少社会

　表3-6-1の有効求人倍率が高い職業の多くは働き方・働かせ方にさまざまな問題点を抱えています。それは低成長経済にもかかわらず「労働力不足」が生じている要因と重なります。この問題点にメスを入れることなしに、たとえば外国人労働者の導入によって当座の「労働力不足」の解消を図ることは、「雇用の劣化と働き方の貧困」の現状を改革するチャンスをつぶすと同時に、AI化によって近い将来到来するであろう「労働力過剰」[44]という事態への対応をより困難にすることになるでしょう。

なぜ低成長経済にもかかわらず「労働力不足」が生じているのか

　今日の「労働力不足」の主たる要因は、第一に、少子化による人口減少、特に若年人口の大幅減少にともない求職者の年齢構成が大きく変化したこと、第二に日本の経済・社会が人間の尊厳を踏まえた持続可能な働き方・働かせ方（ディーセント・ワーク）とは真逆の「労働力使い捨て」という性格を強めていること、第三に高齢社会に伴う介護サービスの需要の急増に対して、介護報酬の抑制・引き下げなど新自由主義的構造改革政策に依拠して対応したこと、いわば政策の失敗によるものです。さらに、第四に東日本大震災および福島第一原発事故（2011年）や能登半島地震（2024年）、相次ぐ集中豪雨などによる大災害からの復興事業、東京オリンピックや大阪・関西万博、さらに熊本県や北海道の半導体工場など全国の大型工事にともなう建設需要などの増加が建設関連職種の不足に拍車をかけてきました。

　以下では、①少子化、若年人口減少、②労働力使い捨て社会、③高齢社会と介護労働の需要増加にしぼって触れましょう。

---

[44]　「日本経済新聞」2017年8月26日付（「202X年、人余り再び？　AI導入で省力化進む」）参照。

表 3-6-2　15 歳以上人口の推移（年齢階層別）

(単位：万人)

	15 歳以上計	15～65 歳	15～34 歳	35～64 歳	65 歳以上
1990 年	10,089	8,609	3,485	5,124	1,480
2000 年	10,836	8,655	3,488	5,167	2,180
2010 年	11,111	8,171	2,856	5,315	2,941
2020 年	11,108	7,512	2,515	4,997	3,597
2023 年	11,017	7,396	2,458	4,938	3,622
90 年→23 年	928	-1,213	-1,027	-186	2,142
2000 年→23 年	181	-1,259	-1,030	-229	1,442
2010 年→23 年	-94	-775	-398	-377	681

(出所)「労働力調査（基本集計）」2023 年、長期時系列表 3-1 より作成。

（2）少子化、若年人口減少 ―「労働力不足」の要因（その１）

　労働力不足の要因の第一は言うまでもなく他国に例を見ない急速な少子・高齢化にあります。1990 年から 2023 年までの 30 年余の間に生産年齢人口（15～64 歳）は 1200 万人あまり減り、他方、65 歳以上層は 2100 万人以上も増えました（表3-6-2）。あらためて若年者（15～34 歳）の減少と高齢者の増加スピードの速さに驚かされます。この少子化による生産年齢人口（とくに若年人口）減はけっして自然現象ではなく、次に見るように、1990 年代以降に顕著になった新自由主義的な経済政策や、自助努力を過剰に求める自己責任論の強化によって加速されました。若年人口減少をもたらした少子化の背景には、非正規雇用の拡大が大きく影響しています。正規雇用に比べ非正規労働者の未婚率は高く、少子化を加速しています。とりわけ 90 年代後半から 2000 年代前半にかけて「就職氷河期世代」をつくり出したことが今日の日本社会に深刻なダメージを与え続けています（第 3 部 II 参照）。2000 年代に第三次ベビーブームが生じなかったことと「就職氷河期」の形成とは深く関わっています。

　非正規雇用を活用する資本の雇用管理や、労働者派遣制度の規制緩和などによって、非正規雇用の拡大を支援した自公政権の責任はとりわけ大き

Ⅵ　現代的貧困の帰結としての人手不足、人口減少社会

いと言わざるをえません。子育てを社会全体で支えるための体制（保育、医療、教育、住宅など）が整備されているならば、たとえ非正規雇用であっても結婚や出産は可能です。これらを自己責任に委ねる新自由主義的政策の転換が何よりも求められています。

求職者、とくに若者の減少

　人口減は求職者の減少に深く関わっています。図 3-6-1 のとおり、有効求職者数は 2010 年度から 19 年度にかけて減少しつづけ、この 9 年間で 95 万件減少しました。近年の求人倍率上昇には求職者数の減少も大きく関わっています。なお、20 年度の有効求人数の急減および有効求人倍率の低下はコロナ禍の影響によるものです。

　図 3-6-1 の有効求職者数の推移は全年齢に関してのデータですが、年齢別に見ると人口減少の影響がより鮮明にわかります。2012 年度から 18 年度までの年間の新規求職者は 193 万件減少していますが、年齢構成も激変しました。求職者が増えているのは 65 歳以上のみで（19 万件）、他の年齢層では減少が顕著です。とくに 34 歳までの若年求職者の減少（108 万件）が目立っています。

　また、建設や生産工程の職業の求職者の減少も若者の減少や高齢化と関わっています。生産工程の職業の求職者は 2012 年度から 18 年度にかけて 289 万件から 166 万件に（0.57 倍）、建設・採掘の職業は 52 万件から 28 万件（0.53 倍）に減少しましたが、この減少率は求職者全体（0.71 倍）を大きく上回っており（厚生労働省「一般職業紹介」2019 年 6 月より算出）、建設や生産工程の職業の有効求人倍率の上昇に拍車をかけています。

（3）「労働力使い捨て社会」―「労働力不足」の要因（その2）

　次に、低成長経済にもかかわらず「労働力不足」が生じている第二の要因、すなわち日本経済・社会が労働力使い捨て的性格を強めていることに

ついて見ましょう。人口減少自体は他の先進国にも共通しているのですが、とくに日本は労働力の使い捨てが人手不足をより深刻にしています。

1 「労働力使い捨て社会」とはなにか

「労働力使い捨て社会」と相対的過剰人口

　資本主義経済は「労働力の汲めども尽きぬ貯水池」(『資本論』第1巻第23章第4節) すなわち相対的過剰人口のプールを用意して、資本の必要に応じて労働力の出し入れをはかる仕組み (雇用調整弁) をもっています。好況期にはこのプールから資本の求めにそって労働力をくみ上げ、不要となれば過剰人口のプールに再び追い返す。こうした意味で資本主義は本来的に労働力使い捨て的性格をもっていると言えます。

　現実の相対的過剰人口は、「労調」の「完全失業者」の定義にあるように、調査期間中 (月末1週間) に求職活動をしているものの、仕事が得られず1時間たりとも働いていないというような人びとだけではありません。このような人びととはむしろ少数派です。失業時の生活保障が貧弱な社会では、蓄えのない多くの人びとは日々の生活費を得るため、たとえ意に沿わなくても何らかの仕事につかざるをえません。実際のところ過剰人口の多くは働いています。

　とりわけ、新自由主義原理に基づく政策が支配的な社会では、失業時の生活保障を弱め、失業者に就労を督励する施策 (ワークフェア) が前面にでるようになりました。こうした施策によって失業の多くは低賃金・不安定就業 (半失業) に形を変えてきました。それゆえ、失業問題と低賃金・不安定就業問題を別扱いすることはできなくなっています。

　今世紀初頭、小泉政権が強行した不良債権処理によって経営がゆきづまり、人員削減に踏み切る企業が相次ぎましたが、これによって急増した離職者が「完全失業者」として滞留しないように、政府は雇用保険の失業給付期間を短縮する一方、派遣労働者やタクシードライバーなどに離職者を誘導する規制緩和政策を推進しました。道路運送法改正 (2002年) による

タクシー業界への参入規制の緩和や、工場での派遣労働の利用を可能とする派遣法改正（2003年）などです。これらの政策によって、とりわけ男性の非正規雇用が著しく増加しました。この点は第3部Ⅱで詳しく述べました。

雇用の劣化と働き方の貧困

　いまの日本はすべての労働者が8時間働けばふつうの暮らしを営めるだけの経済力を十分備えています。しかし、それとは正反対の働き方・働かせ方が広がっています。コンビニや外食チェーン、通信販売のような消費サービス関連業種が基幹産業となって、利便性や過剰サービスの追求、低価格競争を繰り広げているため（24時間営業、宅配便の時間指定や再配達サービスなど）、そこで働く人びとに低賃金、深夜・長時間労働など過大な負担を課しています。電通の過労自死事件（2015年）のように、大企業の正社員であっても、過大なノルマやパワハラによる圧迫のもと十数時間連続労働を強いられ、その結果、精神障害を発症し、生命を奪われる事例が後を絶ちません。ブラック企業では過剰に採用した新入社員をふるいにかけ、「戦力外」とされた若者を自主退職に追い込むためにパワハラやいじめが日常化していると言われます（今野2015）。

　「労働力使い捨て社会」とは、今日の資本による、こうした働かせ方から労働者を保護するはずの労働基準（働き方・働かせ方のルール）が正常に機能せず、低賃金、不規則・細切れ労働、働きすぎによる健康破壊が蔓延している状態を言います。労働者を守るべき労働組合がない職場が大多数となり、組合がある場合でも本来の役割を発揮している労働組合が少ないことも、こうした状態を改革できない要因となっています。

　第1部Ⅰでふれましたが、厚労省はブラック企業やブラックバイトが大きな社会問題となった2010年代前半に「若者の『使い捨て』が疑われる企業等への取組を強化」しました[45]。労働行政の公式文書のなかで「使い捨て」という表現を用いるのは異例です。

ここで第1部で取り上げた図1-4-2をもう一度見ていただきたいと思います。

　今日の日本の雇用と働き方・働かせ方の特徴は、非正規雇用を中心に同図の第3象限の世界が広がっていることです。この世界では雇用が不安定で賃金も低く、しかも労働時間や安全面でもリスクのある働き方を強いられています。1990年代後半から今日までの30年近くにわたって、第3象限に位置する労働者が多様な形態をとりながら増加しています。特に日系人や技能実習生などの外国人労働者は、ディーセント・ワークの対極である第3象限の下方かつ左方に位置する働き方をしています。

　第1部Ⅱの会計年度任用職員（非正規公務員）もそうです。たとえば、東京都は24年3月末、公立学校で子どもたちの精神面でのケアを担っているスクールカウンセラー（会計年度任用職員）250人を一斉に雇止めにしました。このなかには15年もの経験を有する臨床心理士も含まれています。「制度で定められているため、やむをえない」としてベテラン職員から仕事を取り上げ、子どもたちからは、信頼し頼りにしていた相談相手を奪ったのです。労働力使い捨て社会を象徴する手法そのものです。東京都が主導してこのような措置を強行したことは働き手と子どもたち両方の人権を否定するものです。

　では正規労働者はどうでしょうか。第3象限の雇用と働き方の増加に引きずられるように正規雇用の長時間労働がすすみ、名ばかり正社員が増えるなど、正規雇用であっても第1象限のディーセント・ワーク（人間の尊厳にふさわしい、まともな働き方）から排除された人びとが目立つようになりました[46]。第3象限の働き方・働かせ方が広がることは非正規労働者はもとより、正規労働者にとってもさまざまな苦難をもたらしています。ま

---

[45] 具体的には、①長時間労働の抑制に向けた、集中的な取組みを実施、過労死等を起こした企業に対して再発防止の取組を徹底、②「総合労働相談コーナー」などでの相談体制の強化、③職場のパワハラの予防・解決の推進などです（厚労省「若者の『使い捨て』が疑われる企業等への取組を強化」2013年8月8日公表）。

[46] 「労働力使い捨て社会」の詳細については伍賀（2014）第1章を参照ください。

さに雇用の劣化と働き方の貧困の相乗作用にほかなりません。

人手不足社会における相対的過剰人口の創出

　このように、図1-4-2の第3象限のなかに相対的過剰人口としてのワーキングプア（半失業）が数多く滞留しているのですが、これと並行して完全失業者として第3象限の外側に追いやられることもあります。「労働力使い捨て社会」では人手不足と人員削減は併存しています。

　2024年4月17日、東芝では本社の間接部門を中心にした国内従業員5000人の削減計画が明らかになりました。これは国内の全労働者約6万7000人の8％にあたります。デジタル部門に集中するため、会社が余剰と判断した人びとを希望退職などで削減する方針です。東芝のほかにも、ソニーグループのゲーム子会社は世界で約900人を、オムロンは国内外で合計2000人を削減する計画です。いずれもリストラで収益力を高め、成長事業に経営資源を集中する動きと言います（「日本経済新聞」電子版、2024年4月17日付）。

　政府は学び直し（リスキリング）の推進を掲げて労働者の移動の促進を重視していますが、東芝など電機大企業の事例は、企業内に労働者をとどめて訓練を行い、成長分野へ対応できるように職種転換を図るというのではなく、手っ取り早く労働者の削減を強行するものです。人手不足社会は雇用の安定を意味するものではないことを明確に示しています。

2　「労働力使い捨て社会」が加速する「労働力不足」
　　　― 消費サービス関連部門の場合

　日本の産業・就業構造の特徴は、多様な低賃金・非正規労働者が多数就労する消費サービス関連の産業や職業の比重が、先進国のなかでも特に高いことです（表1-1-3）。これらの産業では製造業に比べ、労働集約的で、サービスに対する需要に応じて必要となる労働量の変動も大きいという特徴があります。競争に打ち勝つことを最も重視する企業は正規雇用の採用

を極力抑え、かわりに低賃金・非正規雇用に依存する傾向を強めてきました。

　これらを代表する職業に商品販売、飲食物調理、接客・給仕などがありますが、いずれも非正規雇用の比率が特に高く6割〜7割台に達します。ちなみに全労働者の非正規比率は38％前後です（「就調」2022年）。また、これらの職業は非正規雇用に占める女性比率が高く、学生アルバイトがここに集中していることもあって若年者比率も高くなっています。企業が若年女性を好んで採用する傾向も強く、年齢が上がったことを理由に女性労働者を雇い止めする事例も見られます。たとえば次のようなケースです。

　10年以上前の事例ですが、喫茶店チェーンで3か月の労働契約を何度も更新して5年近くアルバイトとして働いていた30代の女性が2012年3月に雇い止めにされました。この措置の撤回を求め、女性が加入した首都圏青年ユニオンと会社との団体交渉のなかで、人事部長は「従業員は定期的に入れ替わって若返ったほうがいい」、「うちの社ではこれを『鮮度』と呼んでいる」と言い放ちました。文字どおり「使い捨て」の典型です。この事件は、東京地裁で原告敗訴となりましたが、控訴審の東京高裁で事実上の勝利和解が成立しました（2016年2月）。

　さらに「飲食物調理」、「接客・給仕」などのサービス職は低賃金層の比率も高いという特徴があります。藤田実さんが指摘しているように、「サービス業は参入障壁が低いため、新規参入が多く、競争が激しいため、サービス価格も上げにくくなっている。そのため、対人サービス企業は非正規労働者の大量雇用で人件費コストを削減し、企業収益を維持しようとしている」のです（藤田 2019: 9頁）。

　宿泊・飲食サービス部門では非正規労働者はもとより、正規雇用でもおよそ3割は年間賃金が250万円に達しません（「就調」2022年、第41表）。家族形成を期待できない賃金水準では持続可能な働き方とは言えず、これらは前掲の図1-4-2の第3象限を代表する働き方と言えるでしょう。

　第3象限の世界のなかで、労働者はよりマシな仕事を求めて頻繁に移動

を繰り返しています。厚労省「雇用動向調査」（2022年）によれば、宿泊業・飲食サービス業が入職率（34.6％）、離職率（26.8％）ともに最も高く、生活関連サービス業・娯楽業（それぞれ23.2％、18.7％）がこれに続いています（パートを含む全労働者）。このため使用者は就職者が得られてもハローワークに求人を出し続けるケースが珍しくないといいます。これらの部門の有効求人倍率はこうして押し上げられているのです。有効求人倍率の高い職業の多くは離職率の高い職業でもあります。「労働力使い捨て社会」自体が「労働力不足」を生み出す契機をはらんでいると言えるでしょう。

過剰な消費サービスを追求する競争、これを支持する消費者の発想の転換を

　前述したように「自動車運転」も消費サービスと関わりの深い職業です。この最大の特徴は長時間労働者の比率が高いことです。男性・正規労働者（年間200日以上就労）の3割あまりの週労働時間は過労死ライン（60時間）を上回っています（「就調」2022年）。実際のところ、脳・心臓疾患の過労死請求件数および労災認定件数ともに自動車運転職が最も多くなっています（厚生労働省「過労死等の労災補償状況」2023年度）。図1-4-2の第2・第3象限の左方に位置した働き方です。通信販売や宅配便業界の競争激化が物流を担うドライバーに過大な負担を課してきました。

　これに関わって触れておきたいことがあります。過労死等防止対策推進法（2014年）に基づいて策定された「過労死等防止対策大綱」（2015年）は、過労死等の防止は企業、労使だけではなく、国民一人ひとりにかかわる問題として捉えるべきことを強調しています。

　いま、消費者の要求を喚起する消費サービスをめぐる競争が繰り広げられ、「24時間、年中無休」のコンビニや、通信販売で「今日注文すれば、明日には届く」というサービスを私たちは大歓迎して利用しています。売り手の側は、次つぎと新たなサービスや新商品を提案し、私たちの消費意欲をかき立てています。

より安価で、より良いサービスの提供を求める消費者意識が増すにともない、その利便さがどのような労働によって支えられているかということへの関心が薄れていきます。通信販売の翌日配達、送料無料、再配達サービスなどはどのような人びとの労働によって実現可能となっているでしょうか。各種商品を置いている大型倉庫内で注文の商品を取り出す作業、その梱包、配送センターへの運搬、そこから全国に向け深夜の高速道路を突っ走るトラック、配達地域の配送センターでの仕分け、そこから注文先のもとへ、という労働の連鎖があることで、翌日配達は実現されていますが、利用する私たちはそのことへの意識はほとんどありません。
　消費者の大半は、労働者とその家族ですが、消費者意識が増すにともない、サービス供給の担い手である働き方のありようへの関心が薄れてしまいます。消費者としての利益にこだわるあまり、ときとしてクレーマーにもなります。
　先の「過労死防止対策大綱」は、過剰なサービス競争が労働者の過重労働によって実現していることへの問い直しを国民に求めています。多少の不便さは、消費者として引き受けなければならないでしょう。
　10年ほど前にドイツのバスツアーに参加したときの経験ですが、サービスエリアでの休憩時間20分の間は、旅行客はバスのなかに入ることができませんでした。EU加盟国全体に適用される「運転労働者の労働時間指令」（Regulation (EC) 561/2006）という規則で、「運転者の休憩時間は休息にのみ費やされなければならない」と定められているからです。客が乗っていてはドライバーの休息の妨げになるため、休憩時間に客はバスに乗ることができません。これは「顧客サービスの低下」のように思えますが、こうした措置は運転者の健康保持のためだけでなく、乗客の安全の確保のためにも必要な措置でしょう。日本にはこのような規制はありません。国内の格安バスツアーは、ドライバーの過酷な労働条件を前提して成り立っているわけですから、利用客は大きなリスクを負っていることになります。

Ⅵ　現代的貧困の帰結としての人手不足、人口減少社会

表3-6-3　雇用形態別・介護職業従事者の推移（2012年→22年）

(単位：人)

		2012年	2017年	2022年	12年→22年	17年→22年
男女計	正規＋非正規	1,590,700	1,779,100	1,755,300	164,600	−23,800
	正規雇用	829,500	946,300	992,200	162,700	45,900
	非正規雇用	761,200	832,800	763,100	1,900	−69,700
男性	正規＋非正規	341,900	423,600	444,400	102,500	20,800
	正規雇用	271,700	340,600	360,000	88,300	19,400
	非正規雇用	70,200	83,000	84,400	14,200	1,400
女性	正規＋非正規	1,248,800	1,355,400	1,310,900	62,100	−44,500
	正規雇用	557,800	605,600	632,200	74,400	26,600
	非正規雇用	691,000	749,800	678,700	−12,300	−71,100

(出所)「就業構造基本調査」2012年、17年：第21表／22年：第26表より作成。

（4）政策がつくり出した持続不可能な働き方
　　　　― 「労働力不足」の要因（その3）

介護労働について

　「労働力不足」の第三の要因は自公政権の政策の失敗です。介護労働者や教員の不足はその典型です。ここでは介護労働について取り上げましょう。

　よく知られているとおり、介護サービス職は有効求人倍率がきわめて高く、労働力不足が深刻な職業で、有効求人倍率（パートを含む常用）は4倍前後になります。なかでも訪問介護職は有効求人倍率が15倍を超えており、介護士不足はきわめて深刻です[47]。

　表3-6-3のとおり、高齢社会のなかで介護労働者は増加傾向にありますが、「就調」によれば2017年から22年にかけて女性の非正規労働者が減少したため、合計数で減りました。介護労働は看護職や教育職と同様、公共サービスを代表する職業で高齢社会では需要が多く、本来安定した雇

---

[47] 社会保障審議会介護給付費分科会資料（2023年9月27日）。

表 3-6-4　男女別・職種別・時間あたり賃金の比較
（一般労働者、2023 年）

（単位：円）

		男性	女性
ホワイトカラーおよびケア職	企画事務員	3,469	2,542
	建築技術者	2,907	2,171
	看護師	2,519	2,450
	保健師	2,460	2,211
	会計事務従事者	2,814	2,110
	庶務・人事事務員	2,873	2,103
	総合事務員	3,031	2,032
	介護支援専門員（ケアマネージャー）	2,257	1,991
	その他の社会福祉専門職業従事者	2,229	1,957
	訪問介護従事者	1,993	1,780
	介護職員（医療・福祉施設等）	1,919	1,726
販売職・ブルーカラー職	電気機械器具組立従事者	2,156	1,477
	自動車組立従事者	2,485	1,742
	販売店員	1,956	1,464
	飲食物調理従事者	1,757	1,389
	飲食物給仕従事者	1,744	1,343
	ビル・建物清掃員	1,486	1,221
	営業用大型貨物自動車運転者	1,862	1,699
	バス運転者	1,837	1,512
	タクシー運転者	1,814	1,759
	建設・さく井機械運転従事者	2,073	1,570
	その他の建設従事者	2,047	1,819
	建設躯体工事従事者	2,018	1,448

（注 1）時間当たり賃金は、ボーナスを 12 で割り、所定内賃金に加えた金額を所定内労働時間で除して算出した。
（注 2）訪問介護従事者、介護職員（医療・福祉施設等）は「労調」や「就調」ではサービス職業従事者に分類されているが、ここでは専門職と同じに扱っている。
（出所）「賃金構造基本統計調査」2023 年、職種別、第 1 表より作成。

用になりうる職業です。ただし、介護という特性上、サービスの提供は年中無休、24 時間体制を求められるため、深夜労働、交替制勤務が不可避です。

このような心身ともに負荷の大きい介護労働に対しては、専門性を正当

に評価し、正規労働者として処遇を引き上げることが求められていますが、実態は逆です。2000年、政府は介護保険制度を施行し、市場化・営利化を進めたことで、介護部門に参入する民間業者が増え、介護労働者の需要は急増しましたが、労働条件は仕事の専門性に見合わない低水準にまで切り下げられました[48]。賃金は全産業平均に比べ数段階低い水準に据え置かれたままです（**表3-6-4**）。

いま介護の現場では利用者と向き合い、寄り添った介護をすることが非常に困難な状況になっています。介護労働者と要介護者との間に人間的共感・信頼関係を構築することを目指し、介護福祉士の資格を取得し、介護への意欲を抱いて入職した若者が、職種間の仕事の分断化のもとで労働の喜びを感じることが難しく、労働条件も抜本的に改善されないなかで、短期間で離職を余儀なくされる事例が相次いでいます（井口 2020：100〜103頁）。

とりわけ訪問介護において、介護保険制度の改悪によって介護サービス時間の短時間化が進み、介護従事者はたえず時間にせかされながら働かざるをえなくなりました。利用者宅に30分未満しか滞在しないサービスが大幅に増えています[49]。サービスの利用者とゆっくり向き合いながら介護することができず、利用者からうとまれるようにさえなりました。賃金が低いうえに、利用者との交流もつくれない状況に追い込まれた介護従事者が介護現場から去って行くという状態が生まれたのです。こうした事態の根幹には日本の介護保険制度自体がありますが、それに加えて経費削減のために次つぎと制度の改悪を推進した政府の責任が大きいというほかありません[50]。

---

[48] 政府統計の基準となる総務省の職業分類では、介護サービス職業従事者は「介護職員（医療・福祉施設等）」および「訪問介護従事者」ともにサービス職に分類されています。看護師やケアマネジャー、ソーシャルワーカーが「専門的・技術的職業従事者」に分類されるのと異なる扱いです。

[49] たとえば、「身体介護20分未満」、「同20分〜30分未満」という類型が設けられ、これらのサービスの利用者が2020年時点で訪問介護利用者の半数を超えています（小谷 2023：210頁）。

とりわけ勤務シフト表に基づいて働く登録型訪問介護労働者は、あらかじめ労働時間や仕事が特定されないこと、キャンセル発生時に賃金支払いがないこと、移動時間や待機時間が労働時間として算定されないこと、賃金設定が不明確であることなど、労働基準法第15条に定められた労働条件明示義務に違反する働かせ方になっています。このため残業代の不払いや社会保険加入要件を満たせなくなるなどの不利益が生じることがあります。ところが厚労省はこうした事態を是正するどころか、逆にこのような働き方をする労働者を「非定型パートタイムヘルパー」と定義し、公認しました。

ディーセント・ワークに反する不当な扱いに対して登録型訪問介護労働者3名が国は規制権限を適切に行使しなかったとして提訴しましたが（脇田 2024：128〜132頁）、東京地裁（2022年）、東京高裁（24年）ともに訴えを斥けたため、原告は最高裁に上告しています。

このような日本の現状に比べ、近年のドイツの取り組みは大変示唆的です。以下は田中編（2023）によるものです。

ドイツの介護保険制度は日本よりも一足早く1995年に始まりましたが、日本と同様に介護職不足が大きな問題となっています。無資格の介護従事者や外国籍の介護士が増えてきました。こうした事態を打開し、介護職をより魅力ある職業とするためのさまざまな措置がとられています。何よりも介護労働者の労働条件は日本よりもはるかに充実しています。

一般的な最低賃金制度とは別に[51]、2019年に介護士に適用される資格別最低賃金が導入されました。22年10月時点で無資格の介護士でも時給13.7ユーロ（およそ2000円）、1年の教育・研修を終えた補助介護士では14.6ユーロ（2132円）、3年間の教育・研修を修了した専門介護士になる

---

[50] 2024年度の介護報酬改定で、訪問介護の基本報酬が引き下げられた結果、倒産に追い込まれる訪問介護事業所が増えた一方、働き手の意欲は削がれ、離職者の増加に拍車をかけています。政策の欠陥が生み出している人手不足の典型です。

[51] ドイツでは伝統的に労使自治による労働条件決定（労働協約）の考え方が強かったため、最低賃金法の制定は2015年になってからです。

と 17.1 ユーロ（2497 円）が支給されます[52]。また、2020 年に施行された介護職業法により介護職と看護職を隔てる壁が取り払われ、高齢者介護・病人看護・病児看護の三分野を「総合ケア職」として統合する政策が実施されています。所定の教育と実習を経て「総合ケア職」の資格を取得すれば、介護士と看護師の両方の資格を得ることができます（田中編 2023:242～245 頁）。こうした改革によって、今後、看護および介護分野の仕事をめざす人びとが増えていくか、注目されます。

なお、教員の人手不足も深刻ですが、第 1 部Ⅳで指摘したように、介護労働者と同様に政策の誤りにより生み出されたものです。

（5）急がれる「労働力使い捨て社会」の改革

これまで見たように、いま人手不足が顕著な職業・産業は働かせ方に大きな問題をかかえています。政府と財界は、人手不足を外国人労働者の導入拡大によって切り抜けようとしていますが、その前に、働かせ方の問題点を改革することを優先すべきです。それなしに外国人労働者の導入拡大を行うならば、これらの人びとに働き方の困難を押しつけることになるでしょう。

介護保険制度発足当時、介護職に意欲を持つ若者は少なからずいましたが[53]、結婚もできない低賃金という現実が彼らの介護労働への意欲を削ぎ、早期離職を余儀なくさせたという経緯を直視すべきです。介護職を魅力ある職業として再生し、介護人材の不足を打開するために、たとえばド

---

[52] 2022 年 10 月の平均為替レート 1 ユーロ＝ 146 円として計算しています。
[53] 井口克郎さんが 2007 年 1 月～ 2 月に介護福祉士養成施設（専門学校、短大、4 年制大学）の在学生 340 名を対象に実施した調査によれば、273 名（80.3％）が卒業後、介護職として就職することを希望していました。このうち「一生の仕事としてできるだけ長く」と答えた学生が 45.1％を占め、とくに男性でその割合が高かったのです（井口「介護現場の『人手不足』と若者の介護への就職意識」金沢大学大学院人間社会環境研究科『人間社会環境研究』第 15 号、2008 年、75 頁）。

イツの先例を参考に、さしあたり全国一律の最低賃金制を実現したうえで、この水準よりも一段階高い、介護職向けの最低賃金の設定が必要です。

　消費サービス関連産業の労働力不足に関しては、この分野に見られる労働力使い捨て的雇用の現状を改める必要があるでしょう。コンビニの24時間営業の見直しは急務です。入店者が限られているにもかかわらず、コンビニ本部の指示で深夜の時間帯に営業を続けるためにアルバイトを確保しなければならず、このことがコンビニオーナーを苦しめています。また、宅配便の時間指定、再配達サービスなどは利用する私たちにとっては好都合ですが、それを担うトラックドライバーや配達員に過大な負担を課し、人手不足を加速しています。外食産業による低価格商品の提供は非正規雇用の低賃金・過重労働なしにはありえません。

　同様に、通信販売に過度に依存した生活スタイルも見直す必要があるでしょう。たとえば、「送料無料」という宣伝文句のウラに何があるのかについて、想像力をめぐらすべきではないでしょうか。利用する側にとっては有り難いサービスですが、送料を無料にできる秘密の多くはドライバーの無償労働によって可能となっているのです。このままではドライバーの担い手が減っていき、配達サービス自体が困難になると予測されます。

　日本は「労働力使い捨て社会」の性格を強めてきました。このことが人口減少の要因の一つになっています。これはまた日本を多様な貧困現象が蔓延する社会に変えました。「労働力使い捨て社会」は貧困大国でもあります。これを転換し、人間の尊厳を大切にする社会に変えるにはどのようにすればよいでしょうか。本書の最後に「貧困に立ち向かう政策課題と運動」ついて考えたいと思います。

むすび ── 貧困に立ち向かう政策課題と運動

（１）「貧困大国日本」を生み出した要因

　本書では雇用と働き方の視点から現代日本の貧困について考察してきました。「人たるに値するふつうの暮らし」ができないという意味での貧困は賃金の低迷だけでなく、不安定な就業や過労死のリスクのある働き方の蔓延という形をとって日本社会の奥深くまで広がっています。人手不足と言われる今日においても改善されていません。このような状態をもたらした要因を改めて整理しておきましょう。

　第一の要因は人手不足（労働力不足）下の人員削減の継続、非正規雇用・半失業（産業予備軍）の堆積です。これにより労働市場のなかで賃金水準を抑制する力がたえず働いています。完全失業率は欧米諸国に比べれば低水準ですが、良質な雇用が増えたからではありません。劣悪な労働条件であっても、それを選択せざるをえない人びとが少なくありません。これは日本を貧困社会に変えた要因とも重なります。この要因はひとことで表せば、大企業を起点とする雇用の弾力化という雇用管理手法と、これを全面的に支えた政府による新自由主義の経済原理に立つ規制緩和政策です。これらによって、長期雇用と年功賃金を基調としていた日本型雇用は大きく揺らぎ、不安定、細切れ的低賃金の雇用が広がっています。

　日本経団連は2020年11月に公表した提言「新成長戦略」のなかで、「『小さな政府』のもとでの自由かつ活発な競争環境の確保は、経済の一層の発展に一定の貢献を果たした」ものの、「利潤追求のみを目的とした各種フロンティアへの経済活動の拡大は、環境問題の深刻化や、格差問題の顕在化等の影の部分をもたらしたことを忘れてはならない」と述べていま

す。また、21年10月に政権についた岸田首相（当時）は所信表明演説において、「新自由主義的な政策」は、「富めるものと、富まざるものとの深刻な分断を生んだ」ことに言及、さらに23年10月の所信表明演説でも、日本経済はこの30年間、コストカット最優先の対応を続けてきた結果、「消費と投資が停滞し、更なる悪循環を招く。低物価・低賃金・低成長に象徴される『コストカット型経済』とも呼び得る状況」だったと認めています。しかし、この反省は表面的なポーズだったようです。政府は新自由主義的経済運営を抜本的に転換することなく、むしろ成長優先の政策にシフトしています。これは石破茂政権でも変わりありません。

人手不足といわれる今も大企業を起点に人員削減は引き続き実施されています。東京商工リサーチの集計によると、上場企業が2024年初めから2月末までに募集した早期・希望退職者は14社の計3613人（応募人数を含む）でした。23年通年は41社の3161人でしたが、これをわずか2か月で超えました。募集人数規模でみると、23年は1000人以上の募集はゼロでしたが、24年はすでに1000人以上の募集が2社となりました（「日本経済新聞」2024年3月6日付）[1]。さらに、24年11月15日時点では募集人員が9219人にのぼっています（同紙電子版、24年11月19日付）。

日本が「貧困大国」に陥った第二の要因として最低賃金制の機能の脆弱さがあります。日本の最低賃金法は企業の支払い能力論を払拭できず、「単身者の必要最低生計費を保障する最賃」という視点が脆弱です[2]。事実上、最賃額と連動しているパートやアルバイトの賃金は「家計補助的賃金水準」で構わないという考え方を克服できていません。

岸田政権は労働側が即時実現を求めている「最賃1500円以上」につい

---

[1] 東芝は国内従業員約6万7000人のうち、最大で4000人を削減する中長期経営計画を明らかにしました（「朝日新聞」24年4月18日および5月16日付）。またカシオ計算機は25年3月期中にグループ全体で従業員数の約5％にあたる500人を削減する方針です（「日本経済新聞」2024年5月15日付）。

[2] 「地域別最低賃金は、地域における労働者の生計費及び賃金並びに通常の事業の賃金支払能力を考慮して定められなければならない。」（最低賃金法第9条2項）

ては2030年代半ばまで、つまり10年後まで先送りを表明しました（「新しい資本主義実現会議」2023年8月31日）。石破新政権はこの時期を若干早めて2020年代に最賃を全国平均1500円に引き上げると表明しています。中小企業が最賃引き上げに躊躇している要因に社会保険料の負担増があります。政府の支援で社会保険料を減免すれば賃上げにプラスになることは明らかですが、自公政権はかたくなに拒み続けています。

　第三の要因は、同じ職務についている人については同じ処遇をするという均等待遇原則が欠如していることです。このため、正規雇用と非正規労働者との労働条件の格差が他の先進資本主義国に比べ日本はきわだっています。田中編（2023）のなかに登場するドイツと日本の外食産業、学生アルバイトの働き方・働かせ方の違いは衝撃的です。ドイツでは飲食サービス業の非正規労働者であっても、低賃金・細切れ的労働ではありません。飲食サービス業に働く全労働者に適用される労働協約によって雇用と働き方はきちんと保護されているからです。正規雇用と非正規雇用の均等待遇が徹底しており、時間あたり賃金は同等です。また本人の自由意志でパートから正規雇用に転換することも可能です。

　日本で均等待遇原則が欠如している背景には根強い男女差別がありますが、これまで法律や政策による是正がきわめて不十分でした。裁判所も均等待遇原則の適用を狭く捉え、差別是正に対して後ろ向きです。

　第四の要因は貧困の除去と格差是正を進めるうえで不可欠の労働運動の機能が低下していることです。春闘を「労使コミュニケーションの場」と位置づける日本経団連の対応を受け入れている「連合」の姿勢は、労働条件引き上げを求めてストライキを敢行している欧米諸国の労働組合運動と対照的です。

　これまで日本経団連など経済界は賃金をもっぱらコストとしてのみ捉え、内部留保が膨大に積み上がってもなお支払い能力論に固執してきましたが、最近になってようやくトーンが変わってきました[3]。この背景には少子化、人口減に対する危機意識があります。しかし、依然として社会全

体の賃金の底上げを図るという視点には立っていません。これは最低賃金引上げに対する消極的な対応に表れています。

第五の要因は、失業、疾病、障がい、加齢などにともなう生活困難に直面した際のセーフティネットとしての社会保障の機能がきわめて脆弱なことです。財政危機を理由に、雇用、医療、福祉、介護に対する国家責任による保障という視点が後退し、自己責任にゆだねる傾向が強まっています。このことは、心身の不調を抱えたまま、収入確保のため、やむなく働かざるをえない人びとを増やしています。第1部Iで触れた高齢のワーキングプアはその象徴です。

日本は第1部の図1-4-2のような雇用と働き方・働かせ方に依拠したビジネスモデルをつくり上げてきました。人手不足の今日にいたってもこのビジネスモデルを転換する姿勢を明確にしていません。藤田実さんは「経済のサービス化に伴う労働力需要の拡大に対して、サービス企業は非正規労働者、外国人労働者頼みとなっている」(藤田2019：9頁)と指摘しています。こうした事態はサービス部門にとどまりません。全産業に拡大することで「貧困大国日本」を生み出してきました。

以上の点を踏まえるならば、日本が貧困社会から脱却するためにはこれらの要因を取り除くこと、すなわち非正規・半失業を縮小し、労働条件の最低限を引上げ、均等待遇原則を徹底することが肝心です。これと並行して貧困に対する社会のセーフティネットを張り直すことも重要です。

(2) 貧困大国からの脱却の政策課題

第2部「今日の貧困をとらえる視点」のなかで、現代的貧困を三つの基準(①所得、②自由にできる時間、③雇用・失業)にそって捉えるべきこと

---

[3] 「賃金引上げのモメンタムを維持・強化し、賃金と物価が適切に上昇する『賃金と物価の好循環』へとつなげていかなければ、日本経済再生は一層厳しくなるとの危機感を強く抱いている」と述べ、「社会性の視座」を強調するようになりました(日本経団連2023)。

むすび

図 4-1　OECD 各国の平均賃金に対する最低賃金の比率（2022 年）

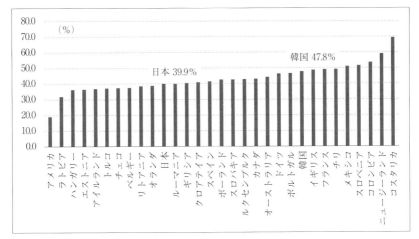

（注）OECD 加盟国 38 か国のうち、7 か国は元データがないため表示していない。
（出所）OECD 資料（https://stats.oecd.org/Index.aspx?DataSetCode=MIN2AVE）より作成。

を提起しました。現代的貧困を除去するための政策課題もこれらの点から考えたいと思います。これまでの章のなかで、すでに言及していますので、ここでは簡潔に述べるにとどめておきましょう。

①人間らしい暮らしを支える最低所得の保障

　第一は日本国憲法が明記している生存権にふさわしい人間らしい暮らしを営むために必要な所得の最低保障を行うことです。現役の労働者については最低賃金制の充実をはかることが肝心です。全国一律に時間額 1500 円の最低賃金をいますぐに実施すべきです。他の先進国と比べ日本の最低賃金の水準は貧弱です。図 4-1 は OECD 加盟国のそれぞれの国の平均賃金に対する最低賃金額の比率を示しています（2022 年）。日本では近年の最賃引上げを受けて OECD 諸国のなかの順位は上昇傾向にありますが、それでも下から 11 番目です。

　新自由主義が大手をふっているアメリカでは 2009 年以降、連邦最低賃

金法の最賃額は 7.25 ドルのままですが、州法では 15 ドル以上に引き上げる動きが増えています。最近の物価高を受けてロサンゼルスやサンフランシスコのように 18～19 ドルに引き上げる市も生まれています[4]。かつては日本よりも賃金が低い国とされていた韓国の最賃額はいまでは日本を上回っています。24 年 1 月より 9860 ウォンとなりました。為替レートを 1 ウォン＝0.112 円（2024 年 11 月 24 日時点）とすれば 1085 円です。2024 年度の日本の最賃額の加重平均は 1055 円、韓国を 30 円下回ります。韓国の最低賃金制度は日本とは異なり全国全産業一律です。日本で韓国の最賃を上回っているのは東京都（1163 円）、神奈川県（1162 円）、大阪府（1114 円）のみです。

　他の先進国と比較すれば、日本の最賃額の低さはさらにはっきりします。OECD の最賃額のデータ（2022 年）ではフランス 13.8 ドル、オーストラリアおよびドイツ 13.6 ドル、ニュージーランド 13.2 ドル、ベルギー 12.7 ドル、イギリス 11.8 ドル、韓国 9.5 ドルなどに対し、日本は 8.5 ドルです（購買力平価による）[5]。

　中澤秀一さんが全国の主要都市で実施している調査によれば、若年単身労働者がふつうの生活を送るために必要な賃金年額（税込み）は 259 万円（2016 年、青森市男性）～319 万円（2019 年、新宿区男性）に分布しています（中澤 2024：18～19 頁）。月間労働時間を 150 時間として換算すると、必要最低賃金額は 1441 円～1772 円になります。近年の円安とロシアのウクライナ侵攻にともなう異常な物価高騰により、この必要最賃額はさらに上昇していることは明らかでしょう。

---

[4] サンフランシスコ市は最賃を 18.07 ドルに、ロサンゼルス市は客室 60 室以上のホテル従業員の最賃を 19.73 ドルに引き上げました（労働政策研究研修機構、https://www.jil.go.jp/foreign/jihou/2023/07/usa_02.html）。
[5] https://stats.oecd.org/Index.aspx?DataSetCode=RMW（アクセス日時：2024 年 6 月 22 日）

むすび

物価高騰と最賃

　OECD諸国では近年の物価高騰を受け、相次いで最賃引き上げを実施しています。物価の上昇に合わせて最賃額を自動的に引き上げる仕組みを設けている国が少なくありません。ベルギー、カナダ（2022年4月以降）、コスタリカ、フランス、イスラエル、ルクセンブルク、オランダ、ポーランドなどです（OECD Employment Outlook 2023）。日本はこうした仕組みはありません。このため、20年12月から23年5月にかけて最低賃金はポーランドで名目34.2％、アメリカ、イギリス、ドイツは16〜28％伸びました。アメリカを除く29か国の平均では名目で29.0％、実質2.3％増加しましたが、日本は名目6.5％増、実質0.7％増と、上昇幅は平均の3分の1未満です（「日本経済新聞」2023年7月11日付）。

　「最賃1500円以上の即時実施」は「貧困大国日本」の転換のために急務です。24年の最低賃金改定に際して各都道府県の地方最低賃金審議会では、中央最賃審議会が示した目安額を上回る答申が相次ぎ、27県で目安額に上積みしました。とりわけ徳島県では目安額を34円上回る84円増とし、最賃額は896円から980円に引き上げられました。他の都道府県の引き上げ額が50円台にとどまるなか、84円増は異例ともいうべき水準です。この背景には徳島県内の労働組合運動の高揚があります。2000年代に偽装請負を告発して正社員化を実現した徳島県のJMITUジェイテクトシーリングテクノ支部（旧光洋シーリングテクノ支部）の春闘スト、回転寿司スシローの徳島県内店舗に組合を広げてストをたたかった首都圏青年ユニオンの取り組み、全徳島新聞労組の全面ストなどがあります（「しんぶん赤旗」2024年8月30日付）。

②非正規雇用・半失業縮小の課題

　所得と雇用・失業問題とは不可分の関係にあります。不安定、細切れ的雇用では所得の安定を望むことはできません。「人手不足」による経営難がしきりに叫ばれる一方、大企業では人員削減が繰り返されています。早

期退職を求められた人びとはどこで新しい仕事を求めるのでしょうか。この受け皿として人材ビジネス業者が新しい細切れ雇用の場を提供し、営利の手段としています。事実上の半失業の拡大にほかなりません。

　第3部Vで取り上げましたが、いま「日々職業紹介」の形をとった新たな形態の日雇い派遣が広がっています。「スキマバイト」または「スポットワーク」と呼ばれている働き方です。日雇い派遣禁止を形骸化する脱法的試みに対して、その穴を塞ぐ必要があります。職業紹介と称しているからにはスキマバイトを利用する企業は使用者責任を果たす必要がありますが、それを人材ビジネス（スキマバイト業者）が代行するという形態をとり、実際には誰もその責任をとっていません。厚労省はこのような人材ビジネスを事実上容認していますが、世論と労働組合の力で是正を急がなければなりません（伍賀 2024）。

　スキマバイトとともに今日の細切れ雇用を代表するのがウーバーイーツの配達従業員のような「雇用によらない働き方」とされた労働者です。厚労省は労災保険の特別加入を認めましたが、これでは保険料の全額を労働者が負担しなければなりません。事実上の労働者に対してはEUで採択されたPF労働の新指令（2024年）にならって労働法を適用すべきです。

　非正規雇用と正規雇用の間の処遇格差を改善するため実効性のある均等待遇原則を確立することも大切です。これに関連して日本共産党の「非正規ワーカー待遇改善法案」は注目すべき提案です（2023年10月）。同法案は、a.「同一価値労働同一賃金」、「均等待遇」の具体化を法律に明記すること、b.「雇用形態・賃金格差公示制度」を導入し、各企業における正規・非正規労働者の構成比と賃金格差、男女別の構成比と賃金格差を公表するよう義務づけること（対象は従業員数301人以上の企業）、c.育児や介護に対する責任（家族的責任）を男女ともに果たせるような機会と待遇を実現することや、妊娠・出産・産後・授乳時期を含む母性保護を実現すべく法改正を行うことなどを盛り込んでいます。

③過労死・過労自死を根絶する労働時間短縮、パワハラ防止

過労死・過労自死をなくすためには労働時間の短縮が不可欠です。安倍政権の進めた「働き方改革」による時短政策は本気で過労死をなくす内容ではありませんでした。労基法改正によって自動車運転手への労働時間規制が全面適用されることに伴う「2024年問題」は、もっぱら物流業界の配送業務が停滞することへの懸念を中心に議論されていますが、この新措置による労働時間規制は依然として過労死認定水準と変わらないものです。

教員の働きすぎの解消も待ったなしの課題です。若者の教職離れが加速しおり[6]、必要な人数の教員が得られずクラス編成が困難という学校も生じています。文部科学省は公立学校教員にも労働基準法を適用し、私立学校教員と同等に超過労働時間に応じて残業代を支払う措置を見送り、割増し手当の支給率をこれまでの4％から10％に引き上げることで「定額賃金働かせ放題」という現状をやり過ごす方針を示していました。中央教育審議会（中教審）もこれに沿った答申を提出しました（2024年8月）。その後、石破政権は26年1月に、いまの割増し手当を基本給の4％から5％とし、30年度までに段階的に10％にする方針を固めました（「朝日新聞」24年12月24日付）。

教員の働きすぎを抜本的に改める方策に転換しなければ若者の教職ばなれの解決につながりません。教員になる夢を抱いていた若者がブラック職場となった学校への就職を避ける事態に本気で立ち向かわなければこの国の未来はありません。

パワハラ防止措置の徹底と合わせ、抜本的な労働時間短縮対策を進めるため、労働組合が先頭にたって国民世論に訴えるべきでしょう。その際、労使間で協定（36協定）を締結することで労働基準法の「週40時間、1日8時間労働制の原則」（32条）を形骸化している労基法36条の廃止を論点に乗せるべきと思います。同条があることで日本は1919年に採択され

---

[6] 「日本経済新聞」の調査では、教員採用試験の競争倍率（採用予定教員数に対する志願者数の比率）が1倍台の教育委員会は全国で4割になるとのことです（同、2024年8月28日付）。

たILO第1号条約をいまだに批准できないのですから。

④生存権保障にふさわしい社会保障の整備、公共的社会サービスの充実

　本書では雇用と働き方の貧困に焦点をおいたこともあり、社会保障の課題について取り上げていませんが、現代の貧困を論じるためにはこの問題をはずすことはできません。

　先ほど「最賃1500円以上の即時実現」という課題を取り上げましたが、時間当たり1500円という額は若年単身者の最低必要生計費の水準です。子育ての費用などは含まれていません。必要生計費を満たすことが賃金要求の大原則ですが、生計費のどの範囲までを賃金に含めるべきかについては議論があるでしょう。私は、本来、保育や教育に必要な費用は賃金でまかなうのではなく、国が全額負担し、無償化すべきと考えています。大学の学費もそうです。医療や介護の費用もそうすべきでしょう。これらの社会的公共的サービスは国が責任をもって保障するという体制が実現すれば、低所得層の生活苦も大幅に改善されるでしょう。「バラマキ福祉だ」との批判が予想されますが、高額所得者に対しては所得税の累進制を強めることで対応すればよいと思います。

　これらを一挙に実現することは困難であっても、国の責任で整備される度合いに応じて、高校生が家計を助けるために多くの時間をアルバイトに費やしたり、大学進学を断念する事態や、低所得者がダブルワークを余儀なくされたり、食事回数を減らすような現状は大幅に改善されるでしょう。格差と貧困がもたらす家庭や職場におけるギスギスした関係はもっとゆとりある、穏やかな関係に変わるでしょう。コロナ禍の貧困の拡大はこの必要性を浮き彫りにしました。

　以上の①～④の課題を実現するには政治の仕組みを大転換する必要があります。国民生活よりも大企業の利益を優先する政治から、労働者・市民一人ひとりの生活、雇用と働き方を大切にする政治に変えなければなりま

せん。とりわけ、公共的社会サービスの拡充という福祉国家的な施策を実現するには、膨張を続ける軍事費を削減することが不可欠です。ここにメスを入れずして「脱貧困」を唱えることは空念仏でしかありません。

（3）運動の再興

　日本を「貧困大国」にした要因の一つが労働組合の力量の弱体化にあるとすれば、その回復が不可欠です。それなしに、政府の政策転換に期待するだけでは実現できないでしょう。2008年暮れから09年にかけての「年越し派遣村」に象徴される反貧困運動を15年後のいま、バージョンアップして再現するにはどのような取り組みが求められるでしょうか。

非正規労働者のたたかい ― 首都圏青年ユニオンの場合

　低賃金の細切れ的労働の改善をめざして非正規労働者自身が声を上げ始めています。いま注目されているのは首都圏青年ユニオンの取り組みです。同ユニオンには非正規労働者のほかに大学生や大学院生のアルバイト（学生労働者）も加入しています。2023年には「非正規春闘」をたたかい、飲食チェーンの「スシロー」でアルバイトの時給を200円引上げ、「かつや」では2年連続で時給100円引き上げを勝ち取っています。さらに関東から中部地方で店舗展開しているスーパーのレジで働く学生アルバイトの組合員は賃上げを求めて立ち上がりました。一人でストライキをし、記者会見で要求の正当性を訴えた結果、5％を超える賃上げを実現しました。この成果は全国の店舗で働く9000人のパート・アルバイトの賃上げの実現につながりました。飲食サービス産業では消費者の評価が企業業績に直結しています。首都圏青年ユニオンはここに着目、記者会見を開いて要求の正当性を社会化することで勝利に結びつけました。サービス経済化が進んでいるいま、こうした工夫をこらした新しい運動スタイルに注目したいと思います。

国民春闘共闘委員会などが取り組んだ「2024年春闘闘争宣言行動」(24年1月12日)で、経団連会館を前に同ユニオンの原田委員長は、これらのたたかいを紹介し、「これは希望だ！　声を上げれば変えられる」、「経団連は非正規労働者の賃金も引き上げろというメッセージを経済界に発信するべきだ」と訴えました(「2024国民春闘共闘」第9号、2024年1月18日付)。

正規雇用の労働組合の取組み

　30年にわたって実質賃金の停滞が続くなか、自公政権も「賃金と物価の好循環」を政策基調に掲げるようになりました。政権みずから経済界に春闘での賃上げ、特にベースアップを要請する事態が生まれています。近年の物価高騰も加わって実質賃金がじりじりと低下する状況を放置していては、日本経済の縮小が深刻化することに政府も危機感を抱いているからです。

　こうしたもとで24春闘に際して、大手企業の多くは製造業を中心に、早々とかつてない規模でベースアップを含む賃上げの実施を回答しました。「連合」傘下の大手組合がストを構えて要求実現を迫った成果というよりも、組合の賃上げ要求に対して経営者がすばやく満額回答したのです。内部留保を500兆円以上も蓄えている大企業は賃上げの余力を十分もっています。

　一方、24春闘では円安のもと物価高騰を受けて中小企業の正規労働者の組合も本気でストライキを実施して賃上げを獲得しました。JMITU（日本金属製造情報通信労働組合）超音波工業支部は4回のストを行い、初回回答から3500円上積みして定期昇給込みで1万6187円（5.01％）の回答を引き出しました（「しんぶん赤旗」24年5月1日付）。警備保障業界の大手企業でも労働者が組合を結成し（JIMITUセントラル警備保障支部）、24年4月3日、大幅賃上げを求めてストを行いました。大手警備会社でのストは日本で初めてといいます。警備員の男性一般労働者の賃金は全産業平均より月額10万円以上も低い水準です。会社はスト参加者に対し懲戒処分の

対象となると脅していますが、これは憲法や労働組合法が定める団結権の保障を否定する暴論です（同、24年4月4日付）。

　労働組合結成の動きは外資系企業にも広がっています。世界最大手のアメリカIT企業グーグル社（親会社アルファベット）の日本法人グーグル合同会社とアルファベット系列の労働者で組織する労働組合（JMITUアルファベットユニオン支部および東京管理職ユニオングーグル日本支部）が23年3月にあいついで誕生しました。23年以降、グーグル社ではマイクロソフトやメタ（フェイスブックを運営）と同様に大規模なリストラを進めていますが、日本のグーグル合同会社でも、社員の6％をレイオフ（解雇）する趣旨のメールが全従業員にいっせい送信され、労働者のなかで不安が高まっていました（「東京新聞」デジタル、23年3月1日付、「しんぶん赤旗」同3月2日付）。

非正規雇用の正規化をめざす ── 京都放送労働組合の取り組み

　京都放送（KBS）労働組合は派遣社員やアルバイトなど社内で働く非正規労働者（構内労働者）の正規雇用化に長年にわたって取り組み、成果を重ねてきました。日本の企業別組合のなかではまれな組合です。

　2015年の改正派遣法によって、派遣社員は最長3年で派遣先の職場を変わらなければならなくなりました。それ以前は放送機器の操作のような、政令で指定された専門業務については、このような期間制限はなかったのですが、この改正法で一変しました。これによって改正法施行から3年を迎えた18年10月以降、全国で派遣社員の雇止め（派遣切り）が発生しました。こうした状況を回避するには、改正派遣法の規定にそって派遣社員を派遣元の無期雇用にするか、それとも派遣先の直接雇用に切り換えなければなりません。京都放送労組は2017年3月に「3年を超える派遣社員（組合加入者）のKBSでの直用化を図る」という労使協定を会社と締結し、新たな派遣切りを許さないたたかいを前進させました。ただし、この協定では直接雇用への転換後も有期雇用のままでした。そのため、「契

約満了時に雇い止めになるのでは」という当事者の不安は残っていましたが、19年の春闘で事実上の無期雇用へ転換する協定を実現したことで、雇い止めの不安を一掃することができました。その後も、無期転換した労働者と従来の正社員との格差是正に取り組んでいます。手当だけでなく基本給の格差の縮小でも成果を上げています。正社員と同じ仕事に従事している元派遣社員で、直用化した労働者の基本給の格差を20年以降の3年間で16万円から9万円にまで縮めることに成功し、さらに24年にも基本給増額を実現しました。

　民放業界では各社の構内に多くの非正規労働者が働いており、偽装請負状態も珍しくありません。自分たちのすぐそばで働いている非正規雇用の人たちの困難と要求から目を背けないという京都放送労働組合の粘り強い運動は高く評価されるでしょう。

欧米における労働組合運動の活性化

　いま欧米各国では労働組合運動の再活性期を迎えています。イギリスのナショナルセンター「労働組合会議」(TUC) が2023年9月に開催した年次大会でマリア・エシャール議長は「深刻な物価高騰下で、イギリス全土であらゆる業種の労働者がストライキに踏み出している流れは希望であり、団結は力だ」と述べています。TUC加盟の組合であるユナイトの書記長は、過去1年半に900以上の労働争議に20万人の組合員が参加し、80％以上で勝利、計4億ポンド（約736億円）を超える賃上げを獲得したと発言しています（「しんぶん赤旗」2023年9月15日）。こうした労働組合運動の高揚に対して当時の保守党政権は鉄道、消防、救急医療、国境警備の分野で、スト中の労働者を指名して業務に就かせるよう強制できる内容のスト制限法を23年7月に議会に提出し、可決しました。これは結社の自由、団結権を保障したILO第87号条約に反する措置で、TUCは上述の年次大会においてILOに提訴する方針を決定しました（同上、23年9月16日付）。

むすび

　アメリカでは2023年に自動車や運輸、航空など幅広い業界の労働組合がスト権を確立し、大幅な待遇改善を実現しました。このうち全米自動車労組（UAW）はビッグスリー3社（ゼネラルモーターズ、フォード、クライスラー〔ステランティス〕）を相手に23年9月から40日間にわたってストライキを行い、4年で25％の賃上げを獲得しました。UAWの当初の要求は下回るものの、過去最高水準の上げ幅です（「毎日新聞」電子版、2024年5月6日付）。

　航空や鉄道、運輸業の労働者が加盟する米交通労働組合（TWU）は24年7月30日、全米鉄道旅客公社（アムトラック）との新たな労働協約を承認しましたが、これにより7年間で34％の賃上げが実現します。新しい協約は2022年から28年の期間で適用され、労働者は過去にさかのぼって昇給分を受け取ることができるといいます（「しんぶん赤旗」24年8月1日付）。

　飲食サービス業の大手、スターバックスでは2021年8月、複数の店舗の労働者が組合（Starbucks Workers United、スターバックス・ワーカーズ・ユナイテッド）を結成、使用者に労働組合を認めるよう要求した結果、組合認証に成功しました。いまではアメリカ全土の9万の店舗中約400店舗で組合が設立されています（「日本経済新聞」電子版、23年11月17日付）。

　アマゾンでもニューヨーク市南部の倉庫で働く労働者が組合結成（Amazon Labor Union）に成功しました。2022年3月、組合結成をめぐる従業員投票で労働者のうち過半数が組合結成に賛成した結果をふまえて、全国労使関係委員会（NLRB）が労働組合として正式に承認しました。

労働組合に対する地域住民、市民の支援

　アメリカでは2016年のシカゴの教員ストが象徴するように、教員組合が自分たちの賃上げだけでなく、学校の教育環境の改善を求めてストライキに立ち上がり、生徒や保護者、地域住民の支援を背景に勝利しました。生徒が「先生を支持する」というプラカードを掲げて集会に参加し、マク

ドナルドの非正規労働者もみずからの要求を掲げてストに立ち上がり、教員組合とともに行動したといいます（山崎 2016）。

　このようにアメリカの労働組合運動が高揚し、要求実現にいたった要因として、地域住民や多くの市民の支持があったことに注目したいと思います。繰り返しになりますが、教員の労働組合も自分たちの固有の要求、たとえば賃上げだけでなく、1クラスあたりの定員の縮小はじめ、よりよい教育環境の整備を要求項目に含めてたたかいました。こうした運動のスタイルは「社会運動的労働運動」と呼ばれています。労働組合運動の歴史を振りかえると、日本でもこうしたたたかいがありました。1970年代初めに高揚した、賃上げと年金引き上げなどの国民的生活要求を結合した「国民春闘」の高揚は、その一種とみなすことができるでしょう。

　低賃金社会、貧困大国から脱却するには、政府や経済界の理解を待つのではなく、労働組合運動と住民・市民の力でたたかいとるという姿勢が不可欠です。日本でもコロナ禍でこのようなたたかいの好事例が生み出されました。次に取り上げる大阪府職労の保健師増員を求めるたたかいです。

コロナ禍の大阪府職労の保健師増員を求めるたたかい

　大阪府では自民党府政のもとで保健所の統廃合が推進されましたが、2008年に維新の会の橋下徹知事が誕生して以来、「官から民へ」、「身を切る改革」をスローガンに公務員の削減、民間委託、行政サービスの縮小がさらに急ピッチで推進されました。大阪府内の保健所は統廃合され、2000年当時、61あった保健所は2020年には18にまで減らされました。コロナ禍の医療現場の最前線でたたかった医療労働者は文字どおり心身を削る日々を送りました。深夜に帰宅し、数時間の睡眠だけで出勤するという日々が続き、疲弊は極限に達しました。

　21年4月には大阪市保健所でコロナ対策にあたる職員のうち、3分の1にあたる43人の時間外労働（残業）が月80時間を超え、最長は210時間に達しました（「毎日新聞」2021年5月19日付）。

むすび

　大阪府関係職員労働組合（大阪府職労）は保健師も組織していますが、この状態を打開すべく、組合執行部を先頭にCO（コミュニティ・オーガナイジング）という手法を取り入れて、これまでとは質的に異なる運動をすすめて、府民の支援を得て保健師の増員を実現しました。COとは1930年代にアメリカ・シカゴで始まったコミュニティの組織化手法ですが、ボイコット（商品の不買運動）や座り込みなどの労働組合の戦術を、労働者固有の要求ではなく、住宅問題のような地域コミュニティの課題の解決に応用し、社会的関心を集めることで要求実現にいたる手法です。

　大阪府職労は、保健所の現状を府民に明らかにし、保健師の増員は当事者だけではなく、府民の命と健康に直結する課題にほかならないことを府民に訴えました。保健師の増員を求めるオンライン署名を6万1143人分集め（2021年1月14日時点）、知事に提出、公開記者会見を開きました。記者会見では組合執行部だけでなく、現場の保健師みずから疲弊した現状を語りました。

　維新の会のキャンペーンのもと、公務員バッシングが強かった大阪府市ですが、保健師と組合の訴えは府民の心をとらえ、支持が広がりました。労働組合は維新の会が主張しているような、自分たちの利益のみを追求する組織ではなく、府民の命を守るためにたたかっているのだという理解が浸透していった成果です（大阪府関係職員労働組合・小松康則共編2021、伊藤2024）。

＊＊＊＊＊＊＊＊＊＊＊＊

　本書では、非正規労働者、個人事業主やプラットフォーム労働者、それに正規労働者などが直面している多様な貧困問題を取り上げました。こうした現状を改革するには当事者による運動と、これに共感する市民の支援が不可欠です。前述のとおり、欧米先進国では新自由主義的政策を進める政府や、莫大な利益を独り占めしているグローバル企業に対抗する労働運動が高揚期を迎えています。日本でも工夫を凝らした新しい運動スタイルが登場しています。世界と日本の運動の展開に注目したいと思います。

【参考文献】

石田信平・竹内(奥野)寿・橋本陽子・水町勇一郎(2022)『デジタルプラットフォームと労働法』東京大学出版会

伊藤大一(2024)「公務労働組合運動に対するアメリカのコミュニティ・オーガナイジングおよび社会運動的労働運動の影響」『社会政策』第15巻第3号

井口克郎(2020)「介護人材政策の総括と課題」芝田英昭編著『検証・介護保険施行20年』自治体研究社

岩田正美(2008)「貧困研究に今何が求められているか」『貧困研究』Vol. 1

上畑恵宣(2012)『失業と貧困の原点 ― 釜ヶ崎50年からみえるもの』高菅出版

植山直人(2021)「医師の長時間労働問題と労働運動」法政大学大原社会問題研究所『日本労働年鑑』第91集(2021年版)

江口英一(1979、1980)『現代の「低所得層」』(上)(中)(下)、未来社

江口英一・川上昌子(2009)『日本における貧困世帯の量的把握』法律文化社

大内裕和(2021)「教員の過剰労働の現状と今後の課題」『日本労働研究雑誌』730号

大内裕和・今野晴貴(2017)『ブラックバイト(増補版)』POSSE叢書

大阪府関係職員労働組合・小松康則共編(2021)『コロナ対応最前線 ―「仕方ない」から「あきらめない」へ』日本機関紙出版センター

小倉一哉(2011)『過働社会ニッポン』日経ビジネス文庫

樫田秀樹(2009)「ルポルタージュ・官製ワーキングプア ― 生活保護を受けて教壇に立つ」『世界』793号

片山夏子(2020)『ふくしま原発作業員日誌 ― イチエフの真実、9年間の記録』朝日新聞出版

加藤佑治(1991)『現代日本における不安定就業労働者』(増補改定版)御茶の水書房

神尾京子(2007)『家内労働の世界』学習の友社

唐鎌直義(2012)『脱貧困の社会保障』旬報社

川上武志(2011)『原発放浪記』宝島社

河上肇(1947)『貧乏物語』岩波文庫

― (2009)『第二貧乏物語』新日本出版社(林直道解説)

川西玲子(2024)「公務非正規労働者と人権」桐山孝信・本多滝夫・奥野恒久・的場かおり『民主主義の深化と真価 ― 思想・実践・法』文理閣

【参考文献】

川村雅則編著（2024）『「非正規4割」時代の不安定就業 ― 格差・貧困問題の根底にあるもの』学習の友社

上林陽治（2021）『非正規公務員のリアル ― 欺瞞の会計年度任用職員制度』日本評論社

北健一（2020）「セーフティネットを『新しい当たり前に』― フリーランスの窮状にみる構造的課題」『都市問題』2020年8月号

熊沢誠（2007）『格差社会ニッポンで働くということ ― 雇用と労働のゆくえをみつめて』岩波書店

― （2015）『私の労働研究』堀之内出版

栗原耕平（2021）「飲食産業におけるシフト制労働の実態と『シフト制労働黒書』」『労働法律旬報』No.1992（2021年9月下旬号）

― （2024）「シフト制労働の経済機能とそのイデオロギー」川村雅則編（2024）所収

今野晴貴（2015）『ブラック企業2 ―「虐待型管理」の真相』文春新書

― （2016）『ブラックバイト ― 学生が危ない』岩波新書

今野晴貴・藤田孝典編（2019）『闘わなければ社会は壊れる ―＜対決と創造＞の労働・福祉運動論』岩波書店

伍賀一道（1977）「現代貧困化論」戸木田嘉久・吉村朔夫『現代社会政策』有斐閣

― （2007）「間接雇用は雇用と働き方をどう変えたか」経済理論学会『季刊経済理論』第44巻第3号

― （2008）「非正規雇用の増大とワーキングプア」基礎経済科学研究所編『時代はまるで資本論』昭和堂

― （2009）「雇用・失業の視点から見た現代の貧困」『貧困研究』vol.3

― （2013）「みえる失業・みえない失業」後藤道夫・布川日佐史・福祉国家構想研究会編『失業・半失業者が暮らせる制度の構築 ― 雇用崩壊からの脱却』大月書店

― （2014）『「非正規大国」日本の雇用と労働』新日本出版社

― （2016）「非正規雇用による日本の貧困と『資本論』」『経済』2016年1月号

― （2017）「『人手不足』下の雇用と働き方の貧困―「不本意型就業」に注目して」『経済』2017年9月号

― （2018）「現代日本の非正規雇用と格差貧困」『河上肇記念会会報』119号

― （2019）「『労働力不足』と外国人労働者問題の岐路」『経済』2019年11月号

――（2022a）「コロナ禍の雇用、失業・半失業の変容 ― 現状と課題」『労働総研クォータリー』122 号

――（2022b）「コロナ禍の働き方・働かせ方をめぐって ―「雇用によらない働き方」を中心に」『労働総研クォータリー』124 号

――（2024）「スキマバイトを生みだす背景と人材ビジネス」『労働法律旬報』No. 2068（2024 年 11 月下旬号）

後藤道夫（2019）「ワーキングプア再論 ― 低賃金のままで貧困改善は可能か？」『唯物論研究年誌』第 24 号

――（2023）「女性ケア労働者の労働環境と細切れ労働」『女性労働研究』第 67 号

佐久間ひとみ（2022）「守口市学童保育指導員雇止め事件、全面勝利和解のご報告」「民主法律時報」2022 年 5 月号

志賀信夫（2022）『貧困理論入門 ― 連帯による自由の平等』堀之内出版

柴田徹平（2023）「建設業従事者」田中洋子編著『エッセンシャルワーカー』旬報社

首都圏青年ユニオン（2021）『シフト制労働黒書』

須藤みか（2020）「学童保育『全国で雇い止め』が多発する根本原因 ― 現場からパージされるベテラン指導員の悲鳴」東洋経済オンライン、2020 年 7 月 30 日

杉本高（2019）「会計年度任用職員制度と公務・公共サービスの民間化」『月刊全労連』2019 年 10 月号

高木督夫（1973）「現代資本主義と貧困化法則」島恭彦ほか編『新マルクス経済学講座』第 4 巻、有斐閣

高崎順子（2024）「フランス、子どもが生まれる 35 時間労働社会 ― 親子に時間を与える制度と運用」『労働総研クォータリー』No. 132

髙田好章（2021）「雇用によらない働き方 ― その実態と雇用社会の限界・未来社会」基礎経済科学研究所編『時代はさらに資本論』昭和堂

高梨昌（2007）『構想　完全雇用政策の再構築――労働ビッグバンを問う』日本生産性本部生産性労働情報センター

武井麻子（2006）『ひと相手の仕事はなぜ疲れるのか ― 感情労働の時代』大和書房

竹信三恵子（2023）『女性不況サバイバル』岩波新書

田中洋子編（2023）『エッセンシャルワーカー』旬報社

土屋俊明（2022）「新型コロナ禍における宅配ワーカーの現状と課題」『労働総研クォー

タリー』122 号
都留民子（2009）「『福祉国家』はゆらいでいるか──フランスの失業・貧困とその対策」『経済』2009 年 9 月号。
東海林智（2024）『ルポ低賃金』地平社
戸木田嘉久（1989）『九州炭鉱労働調査集成』法律文化社
　──（2003）『労働運動の理論発展史 ── 戦後日本の歴史的教訓』（上）、新日本出版社
中澤秀一（2021）「生計費調査の到達点、最賃引き上げの機運」『経済』2021 年 10 月号
　──（2024）「最低賃金制度の再考 ── 生計費視点からの見直し」『社会政策』第 15 巻第 3 号
中沢彰吾（2015）『中高年ブラック派遣』講談社新書
仲村和代（2015）『ルポ・コールセンター ── 過剰サービス労働の現場から』朝日新聞出版
日本経団連（2022）『2022 年版・経営労働政策特別委員会報告』経団連出版
　──（2023）『2023 年版・経営労働政策特別委員会報告』経団連出版
橋本健二（2016）『現代貧乏物語』弘文堂
樋口健二・渡辺博之・斉藤征二（2012）『「最先端技術の粋をつくした原発」を支える労働』学習の友社
藤井慎太郎（2020）「芸術文化から見たコロナ禍とフリーランスの課題」『都市問題』2020 年 8 月号
藤田孝典（2016）『続・下流老人』朝日新書
藤田祐幸（1996）『知られざる原発被曝労働』岩波ブックレット No.390
藤田実（2019）「日本経済の成長構造の変化と外国人労働者受け入れのねらい」『労働総研クォータリー』No.113
法務省在留管理庁・厚生労働省（2023）「外国人技能実習制度について」
松尾尊兊（1983）「『貧乏物語』の政治的背景」塩田庄兵衛編『『貧乏物語』の世界』法律文化社
松宮健一（2006）『フリーター漂流』旬報社
三菱総合研究所（2019）「介護現場におけるハラスメントに関する調査研究報告書」
宮本憲一（1976）「貧困化論をめぐる理論的諸問題」島恭彦ほか編『新マルクス経済学講座』第 6 巻、有斐閣

村上英吾（2019）「外国人労働者」石畑良太郎ほか編著『よくわかる社会政策（第3版）』ミネルヴァ書房

森岡孝二（2019）『雇用身分社会の出現と労働時間』桜井書店

山崎精一（2016）「シカゴ教員ストと社会正義ユニオニズム ― 労働運動のあり方への貴重な実践的取組み」『現代の理論』第10号（https://gendainoriron.jp/vol.10/rostrum/ro01.php、アクセス日時：2024年5月28日）

萬井隆令（2017）『労働者派遣法論』旬報社

脇田滋（2021）「フリーランス・プラットフォーム労働をめぐる問題点と権利運動の課題」『月刊全労連』2021年4月号

―（2023）「『雇用類似の働き方』に対する各国の裁判・法規制と日本への示唆」『労働総研クォータリー』126号

―（2024）「高齢者ケア労働者の権利保障をめぐる課題」武井寛・嶋田佳広編著『ケアという地平 ― 介護と社会保障法・労働法』日本評論社

脇田滋編（2020）『ディスガイズド・エンプロイメント ― 名ばかり個人事業主』学習の友社

EU Commission (2021), Proposal for a Directive of the European Parliament and of the Council on Improving Working Conditions in Platform Work.

Janine Berg, Marianne Furrer, Ellie Harmon, Uma Rani, M. Six Silberman (2018), Digital labour platforms and the future of work ― Towards decent work in the online world, ILO.

ILO (2021), World Employment and Social Outlook 2021 ― The role of digital labour platforms in transforming the world of work.

Rosenblat, A., (2018), Uberland: How Algorithms are Rewriting the Rules of Work、邦訳『ウーバーランド ― アルゴリズムはいかに働き方を変えているか』青土社、2019年

あとがき

　いま貧困をタイトルに掲げた本は数多く出版されていますが、本書の特徴は雇用と働き方の視点から現代日本の貧困を扱ったことです。雇用と働き方の視点から貧困を捉えるとは第2部で述べたように、「雇用‐賃金‐労働時間」の三つの基準から貧困を把握することと考えています。とくに、賃金の多寡だけではなく、「自由にできる時間」をどのくらい保持しているかが重要です。自由にできる時間をわずかしか持てない状態は、いくら収入が多くても貧困と言わざるをえないでしょう。

　今日の日本が直面している最重要課題の一つは少子化にともなう人口減少でしょう。これに歯止めをかけるには、労働時間短縮をとおして両親ともに子育てに参加できる時間を確保することがカギとなっています。

　高崎順子さんによれば、フランスでは可処分時間の確保（週35時間労働制と5週間の年次有給休暇）と可処分所得の整備によって出生率の向上につながったといいます。「フランスの人々には、親になる・親である時間が与えられている」という指摘はとても新鮮です。

　「フランスで未成年の子を持つ親たちは共働きが8割以上を占めるが、大半が定時で勤務を終え、夕刻からの時間を家庭で過ごす。残業するのは一部の管理職クラスのみで、上司や同僚との会食で帰宅時間が遅くなるのは年に数回ほどだ」（高崎2024：35頁）。

　ひるがえって日本はどうでしょうか。親である時間を持てない大人がいかに多いかと思わざるをえません。少子化、人口減少に歯止めをかけるには「親になり、親である時間」を保障する抜本的労働時間短縮とともに、長時間働かなくても生活ができる所得の保障が不可欠です。

　雇用や働き方の視点から貧困を捉えることについて、これは貧困の背景や要因の考察であって、貧困それ自体の探求ではないという批判があるでしょう。これに対する私の回答は第2部で述べていますが、こうした働き

方を余儀なくされている人びとの生の声をくみ取って、実態を克明に明らかにする点では本書はまことに不十分です。貧困と格闘している人びとの息づかいが伝わってくるような、ジャーナリストの情熱あふれるルポルタージュ（たとえば東海林2024）の迫力には到底及びません。

　ところで、雇用と働き方に関する法制度の基準をどのように設定するかをめぐっては、労働者と企業サイドの間の争点となってきました。その代表例が日雇い派遣労働の禁止をめぐる労資の対立です。2008年暮れから09年初めにかけて取り組まれた「年越し派遣村」を頂点とする反貧困運動の高まりもあって、労働者を使い捨てにする働かせ方は幾分是正されたのですが、その後アベノミクスのもとで揺り戻しの動きが広がりました。「雇用によらない働き方」（個人事業主、フリーランス）の推進もその一つでしょう。東海林智さん（毎日新聞）が指摘しているように、本来、労働基準法で守られ、労働契約のもとで働くべき人びとが、個人事業主（ワーカー）、つまり"自営業"に駆り出されています（東海林 2024：103頁）。このような働き方がエッセンシャルワーカーの宅配便ドライバーやウーバーイーツのような料理配達労働者、さらに学校の非常勤講師にまで広がっています（第3部Ⅴ）。数年前より事実上の日雇い派遣であるスキマバイト（スポットワーク）が登場し、いま急増しています。「人手不足」であっても、それだけでは細切れ的労働や使い捨て型の働き方・働かせ方が除去されるわけではありません。

　雇用と働き方に関する基準に関わる最新動向に触れておきましょう。2025年1月、厚生労働大臣のもとに置かれた労働基準関係法制研究会が報告書を公表しましたが、このなかで労働基準法の解釈や適用をめぐって重要な問題提起をしています。報告書の本格的検討は労働法研究者にゆずることにし、ここでは私の関心事に限定して触れたいと思います。

　その一つは副業に従事する労働者の労働時間にかかわる問題です。副業従事者の労働時間は本業の労働時間と通算するという規定が労働基準法第38条に明記されていますが、これによって、通算労働時間が法定労働時

間を超えた分の時間外労働の手当（残業代）を副業先の使用者が支払わなければならないという事態が発生します。副業先の使用者にとって、自社では短時間しか働いていない労働者の残業代を支払わなければならないため、副業従事者の雇用を避ける事態が生じます。これが副業の拡大を妨げているとして、先の報告書は残業代の支払いにあたっては、本業と副業の労働時間の通算をしないように労働基準法を改める方針を示しました。近年の物価高騰による実質賃金の低下を補うため副収入を求める労働者が増えているいま、副業を容易にする措置によって労働者の働きすぎが加速することが懸念されます。副業に頼ることなく、本業の労働だけで十分生活できるだけの賃金の保障が必要であることは言うまでもありません。

　研究会の報告書では、プラットフォーム労働（PF労働）のワーカーの労働者性についても検討しています。本書第3部Vで紹介したEUの「プラットフォーム労働における労働条件改善に関する指令」（2024年10月）に言及していますが、「実態として『労働者』である者に対し労働基準法を確実に適用する観点から、労働者性判断の予見可能性を高めていくことが求められている」と指摘するにとどまっています。EU指令のように、まずワーカーを労働者として推定したうえで、反証する際の挙証責任をプラットフォーム業者に求める姿勢に立っていません。ワーカーを労働者として積極的に認めて労働法を適用する視点が、EU指令と比べ弱いと言わざるをえません。

いくつかの補足

　ところで、本書には現代貧困論として、取り上げるべき事項のなかで、書き漏らした点がありますので、ここで追加します。その一つは原発の定期検査や3.11福島第一原発事故後の廃炉作業、除染作業などに従事している被ばく労働者の問題です（藤田1996、樋口・渡辺・斉藤2012、熊沢2015、片山2020）。本書ではベトナム人の技能実習生が本人の同意がないまま除染活動に従事させられていた事件にごく簡単に触れただけです（第

1部V)。

　被ばく労働に従事する人びとを動員する仕組みとして、日本の産業と雇用のあり方を特徴づけている多重下請構造があります。3.11事故後の廃炉・除染作業では大手ゼネコンを頂点とするネットワークがフル稼働して全国から作業員が集められました。この実態をデータに基づいて示すことは電力会社および傘下の子会社、それに連なる下請企業による秘匿の壁が厚く、容易ではありません。3.11事故から15年近く経過していますが、この問題については別の機会に言及できればと考えています。

　書き漏らしているもう一つは家事労働者（家事使用人）の働き方・働かせ方の問題です。現行の労働基準法は「家事使用人」を適用対象から除外しています（第116条第2項）。1947年の労基法制定当時、家事使用人の多くは個人宅に住み込みで家事一般に従事していましたが、いまではこうしたケースはまれで、多くは介護サービス事業者に雇用されて、各家庭に派遣されて、介護のほかに家事にも従事しています。家事労働と介護労働を機械的に区分することは困難です。

　ところが、介護サービス事業者に雇用されて利用者宅に派遣されて住み込みで就労していた女性（家政婦と介護ヘルパーを兼業）が1日15時間に及ぶ長時間労働によって過労死した事案（2015年5月）で、女性の遺族による労災請求を厚生労働省は却下、これを不服として提訴した裁判でも東京地裁は介護労働の時間を狭く限定し、残りは家事使用人としての労働に該当するとして労災と認めませんでした（22年9月）。しかし24年9月、東京高裁は一審の地裁判決を覆して、この労働者の労働実態に即して家事部分についても介護サービス事業者の指示による労働と認め、この女性は家事使用人ではなく雇用労働者にあたるとして、労災と認定しました（総合サポートユニオン・POSSE「〈シンポジウム〉家事労働者過労死裁判の勝訴判決の意義と展望」2024年12月8日開催資料）。

　このケースでは介護サービス事業者が介護と家事を機械的に区別し、介護の部分のみ女性と事業者の間で労働契約を結び、家事部分については女

あとがき

性に利用者家庭と労働契約を結ばせることで家事使用人扱いにしていました。このような脱法的手法を容認すれば、介護サービス事業者は過労死認定基準を超える長時間労働をさせても、残業手当を支払う必要がなく、使用者責任を問われないことになります。労働基準法第116条第2項自体がいまや時代遅れになっており、この改正が急務といえるでしょう。先述の労働基準関係法制研究会報告書はこの規定の見直しを提起しています。

＊＊＊＊＊＊

　労働者教育協会・学習の友社から現代の貧困をテーマにした本の執筆のお話をいただいたのは2022年暮れでした。労働組合や社会運動でがんばっている人びと向けの学習会のテキストに役立つものにしてほしいという趣旨でした。私は高校生の孫に読んでもらえるような本にしたいという、ひそかな思いがありました。多くの方には周知のことを回りくどく説明しているとの印象をもたれたかもわかりませんがご容赦ください。

　「はじめに」で述べましたが、本書をとおして、日本が貧困社会に至ったのはなぜかについて解き明かすことで、日本社会に蔓延する「自己責任論」を乗りこえるための手がかり探りたいと考えました。自己責任論を吹き飛ばし、「自分たちの時代は自分たちでつくるのだ」という若者が一人でも増えること、本書がそれに多少なりとも役立つことを願っています。

　出版にあたり、学習の友社のみなさんには激励や貴重なご意見をいただくなど、大変お世話になりました。心より御礼申しあげます。

　なお、本書は、参考文献に載せた拙稿のいくつかを再構成していることをお断りします。

2025年1月　　伍賀 一道

【著者紹介】
伍賀一道（ごか・かずみち）
1947年生まれ。金沢大学名誉教授

〔おもな著書〕
『現代資本主義と不安定就業問題』（御茶の水書房 1988年）
『雇用の弾力化と労働者派遣・職業紹介事業』（大月書店 1999年）
『規制緩和と労働者・労働法制』（共編 旬報社 2001年）
『「非正規大国」日本の雇用と労働』（新日本出版社 2014年）
『劣化する雇用―ビジネス化する労働市場政策』（共編 旬報社 2016年）

雇用と働き方から見た現代貧困論
2025年3月15日　初版　　　　　　　　　定価はカバーに表示
　　　　　　　　　　　　　　　　　伍賀一道　著
　　　　　　　　　　　　　発行所　学習の友社
　　　　　　　　　〒113-0034　東京都文京区湯島2-4-4
　　　　　　　　　TEL03（5842）5641　FAX03（5842）5645
　　　　　　　　　　　　　　振替　00100-6-179157
　　　　　　　　　　　　　　印刷所　モリモト印刷

落丁・乱丁がありましたらお取り替えいたします。
本書の全部または一部を無断で複写複製して配布することは、著作権法上の例外を除き、著作者および出版社の権利侵害になります。小社あてに事前に承諾をお求めください。
ISBN 978-4-7617-0755-2　C0036